선생님, **방정환**이 누구예요?

선생님, 방정환이 누구예요?

제1판 제1쇄 발행일 2024년 5월 5일

글 _ 배성호
기획 _ 책도둑(박정훈, 박정식, 김민호)
디자인 _ 이안디자인
펴낸이 _ 김은지
펴낸곳 _ 철수와영희
등록번호 _ 제319-2005-42호
주소 _ 서울시 마포구 월드컵로 65, 302호(망원동, 양경회관)
전화 _ 02) 332-0815
팩스 _ 02) 6003-1958
전자우편 _ chulsu815@hanmail.net

ⓒ 배성호, 2024

* 이 책에 실린 내용 일부나 전부를 다른 곳에 쓰려면 반드시 저작권자와 철수와영희 모두한테서 동의를 받아야 합니다.
* 이 책에 실린 이미지 중 저작권자를 찾지 못하여 허락을 받지 못한 이미지에 대해서는 저작권자가 확인되는 대로 통상의 기준에 따라 사용료를 지불하도록 하겠습니다.
* 잘못된 책은 출판사나 처음 산 곳에서 바꾸어 줍니다.

ISBN 979-11-7153-010-6 73990

철수와영희 출판사는 '어린이' 철수와 영희, '어른' 철수와 영희에게 도움 되는 책을 펴내기 위해 노력합니다.

어린이제품 안전특별법에 의한 기타 표시사항
제품명 도서 | **제조자명** 철수와영희 | **제조국명** 한국 | **전화번호** (02)332-0815 | **제조연월** 2024년 5월 | **사용연령** 8세 이상
주소 04018 서울시 마포구 월드컵로 65, 302호(망원동, 양경회관)
주의사항 종이에 베이거나 긁히지 않도록 조심하세요. 책 모서리가 날카로우니 던지거나 떨어뜨리지 마세요.

선생님, **방정환**이 누구예요?

글 | 배성호

철수와영희

> 머리말

방정환 선생님과 함께하는
특별한 여행에 초대합니다!

어린이날 하면 어떤 생각이 떠오르나요? 선물, 노는 날, 놀이동산, 맛있는 음식 등 즐거운 것들이 많이 떠오를 거예요. 어린이를 위해 선물처럼 만든 이날에는 특별한 비밀들이 많이 있답니다. 이 책에서는 그 비밀들을 방정환 선생님과 함께 탐정처럼 흥미롭게 풀어 볼 거예요.

 방정환 선생님은 과연 어떤 어린이였을까요? 방정환 선생님은 여러분처럼 마음씨 좋고 장난기 많은 어린이였어요. 갑자기 집안 사정이 어려워지면서 힘든 생활을 했지만, 용기를 잃지 않고 꿋꿋하게 지냈어요. 어른이 된 방정환 선생님은 특히 나라가 어려운 상황에서 어린이

에 관심을 많이 가졌어요. 어린이야말로 우리 미래를 만들 씨앗이라고 생각했거든요. 덕분에 어린이를 위한 모임과 잡지를 만들고, 무엇보다 소중한 어린이날도 만들 수 있었답니다.

    그런데 어린이날은 과연 언제일까요? 당연히 5월 5일이지요. 하지만 어린이날을 처음 만들었을 때는 이 날짜가 아니었습니다. 심지어 어린이날은 계속 바뀌었답니다. 최초의 어린이날이 만들어지고 또 어린이날이 바뀐 과정은 아픈 우리 역사와 맞닿아 있어요. 이 책에서는 어려운 상황 속에서도 어린이날을 지키며 또 새롭게 만들어 간 과정을 알아보려고 합니다.

    세계 최초로 발표된 우리나라의 「어린이 해방 선언문」을 통해 방정환 선생님이 꿈꾼 세상은 어떤 모습이었을까요? 지금 그 선언은 잘 지켜지고 있을까요? 이 책을 통해 우리 생활 가까운 곳에서부터 세계 곳곳의 이야기 등과 함께 알아볼 거예요. 과거만이 아니라 지금 이 순간 생생하게 여러분 또래 친구들이 만들어 가는 실천과 활동도 엿볼 수 있을 거예요.

    그럼, 100여 년 전 어린이날을 만들면서 새로운 희망을 열어 간 방정환 선생님과 함께 떠나는 여행을 출발해 볼까요?

희망찬 봄날을 준비하는 교실에서
배성호 드림

차례

머리말   방정환 선생님과 함께하는 특별한 여행에 초대합니다!   004

1 방정환은 어떻게 살았나요?

1. 방정환은 어떤 어린이였나요?   012
2. 방정환이 3·1 운동에 참여했다고요?   016
3. 방정환은 왜 어린이를 떠올렸을까요?   020
4. 방정환은 왜 '색동회'를 만들었을까요?   023
5. 방정환의 이름이 39개나 된다고요?   026

2 방정환은 왜 어린이에 관심을 가졌나요?

6. 일제 강점기에 어린이들은 어떻게 살았나요?   034
7. '어린이'라는 말에는 특별한 뜻이 있다고요?   037
8. 일제 강점기에 어린이를 위한 특별한 잡지가 있었다고요?   040
9. 일제 강점기에도 어린이를 위한 보드게임이 있었다고요?   045

3 방정환은 왜 어린이날을 만들었을까요?

10. 어린이날을 왜 만들었을까요? 050
11. 어린이날이 5월 1일이었다고요? 054
12. 어린이날 포스터에 비밀이 있다고요? 058
13. 세계 다른 나라에도 어린이날이 있나요? 062
14. '세계 소녀의 날'이 있다고요? 065
15. 어린이 눈높이로 보면 도시가 달라진다고요? 069
16. 어린이를 위한 무장애 통합 놀이터가 많아져야 한다고요? 073

4 방정환이 꿈꾼 세상은 어떤 모습일까요?

17. 「어린이 해방 선언문」을 왜 만들었을까요? 078
18. 지금 「어린이 선언」을 다시 쓴다면 무슨 내용이 담길까요? 083
19. 어린이가 행복한 세상은 어떤 모습일까요? 087
20. 화폐 속 주인공 중에 어린이가 있다고요? 092
21. '~린이'라고 표현하는 것이 좋지 않다고요? 095
22. 노키즈존은 왜 문제일까요? 098
23. 방정환도 잘못된 일을 했었다고요? 101

5 오늘날 어린이를 만나러 갈까요?

24. 유엔이 만든 '어린이 권리 선언'이 있다고요?   106
25. 왜 축구 선수들이 어린이와 함께 입장할까요?   109
26. 아직도 많은 어린이, 청소년이 전쟁터에 내몰리고 있다고요?   113
27. 어린이를 위해 특별한 법들이 만들어졌다고요?   117
28. 어린이들이 학교 이름과 교문을 바꿨다고요?   120
29. 어린이들이 직접 변화를 만들어 가는 유자학교가 있다고요?   124
30. 어린이, 청소년이 지구의 미래를 지키기 위해 나섰다고요?   127

1

방정환은 어떻게 살았나요?

1 방정환은 어떤 어린이였나요?

방정환은 1899년 서울에서 태어났어요. 방정환의 집안은 쌀가게와 어물전 등을 운영하면서 큰돈을 벌었어요. 덕분에 기와집 두 채를 합쳐서 지낼 정도로 여유가 있었답니다.

어린 시절 방정환.

방정환이 태어난 곳은 지금도 찾아볼 수 있어요. 서울 한복판 광화문 광장에 있는 세종문화회관 바로 뒤쪽에 방정환을 기리며 마련한 기념물이 있거든요. '소파 방정환 선생 나신 곳'이라는 표지석입니다. 바로 이곳이 방정환이 태어나 가족들과 살던 곳이에요.

방정환이 태어난 당시 우리나라 사정은 아주 좋지 못했어요. 일제가 조선을 위협하면서 1895년에는 명성황후를 시해하고, 1896년에는 고종과 왕세자가 일제의 위협을 피해 러시아 공사관

'소파 방정환 선생 나신 곳' 표지석.

으로 피신하는 등 어려운 상황이 계속 일어나고 있었거든요. 그래서 당시 많은 사람들은 힘겹게 지냈어요.

넉넉한 집안에서 태어난 어린이 방정환은 마음씨가 좋았어요. 형편이 좋지 않은 친구들에게 당시 귀했던 호떡이나 엿 같은 간식을 자주 사 주며 지냈어요. 방정환은 동네에서 소문난 장난꾸러기이기도 했어요. 신나게 놀다가 다치는 경우도 많고, 심지어 말에게 장난을 치다가 말의 뒷발에 맞아 집안 사람들이 깜짝 놀라는 일도 있었어요. 방정환의 할아버지는 어린 방정환을 불러서 신나게 노는 것은 좋지만 위험한 일은 하지 않도록 잘 타일렀어요. 그러면서 제안을 하셨죠. 방정환의 장점인 이야기 짓기를 하면서 즐겁게 친구들과 함께하면 어떻겠느냐고 말이죠. 이후에 방정환은 할아버지의 말씀을 가슴에 새기면서 위험한 장난보다는 자신이 지은 이야기를 친구들과 나누고 연극 놀이 등을 하면서 밝고 명랑하게 지냈어요.

그런데 방정환이 아홉 살이 되었을 때 집안 형편이 어려워졌어요. 집안에서 운영하던 가게와 사업이 망하면서 당장 먹을 것이 없을 정도가 되었어요. 집도 초가집으로 이사를 갔답니다. 방정환은 친척 집에 가서 밥을 구걸했고, 점심때 먹을 게 없으면 친구들

몰래 화장실 뒤에 숨어 놀기도 했어요.

하지만 방정환은 힘든 상황 속에서도 기죽지 않고 열심히 공부하며 지냈어요. 열 살 때는 아이들의 토론 모임인 '소년 입지회'에 들어가 또래 친구들과 함께 토론도 하고 동화 구연, 연설회 등에 적극적으로 참여했습니다. 말하기를 좋아하고 동화 등의 이야기를 생생하게 잘 표현한 덕분에 친구들에게 인기도 많았답니다.

방정환의 어린 시절 이야기는 방정환이 직접 쓴 동화 『만년셔츠』를 보면 잘 알 수 있습니다. 이 동화 속 주인공은 바로 방정환 자신이기도 했거든요. 가난해도 밝고 씩씩했던 방정환의 모습이 고스란히 드러나 있어요. '만년셔츠'라는 제목은 형편이 어려워 만년이라는 시간, 즉 오랫동안 한 벌의 옷만 입었다는 뜻으로 사용된 것이에요. 방정환은 추운 겨울에도 제대로 된 셔츠를 입지 못할 정도로 어려웠지만, 오히려 자신보다 힘든 친구들을 도우며 밝게 웃으며 지냈답니다.

2 방정환이 3·1 운동에 참여했다고요?

방정환은 서울 미동초등학교를 졸업하고 선린상업학교에 입학했어요. 장사를 배워 집안을 일으켜 세우면 좋겠다는 가족의 뜻에 따른 것이지요. 하지만 집안은 더욱 힘들어지고 어머니마저 병으로 쓰러지셔서 더 이상 학교에 다닐 수 없었어요. 학교를 그만둔 방정환은 돈을 벌어 가족을 돌보기 위해 인쇄소에서 일하기도 했어요.

하루하루 힘든 시간이었지만 방정환은 밤에는 책을 읽고, 또 글을 쓰면서 훗날 작가가 되겠다는 꿈을 키워 나갔습니다. 주말이면 천도교 교당에 나가 청년 모임에 참여했어요. 천도교 교주인 손병희는 방정환을 칭찬하는 사람들의 이야기에 귀 기울이며 이 청년을 관심 있게 보았어요. 마침 사윗감을 찾던 손병희는 방정환을 만나 이야기하면서 마음에 들었어요. 그렇게 해서 1917년 방정환은 손병희의 딸 손용화와 결혼했어요.

결혼 이후, 방정환의 삶은 크게 달라졌어요. 가난으로 인해 제대로 먹지도 못하고, 공부도 할 수 없었던 상황에서 마음껏 공부하면서 자신의 뜻을 펼칠 수 있게 되었어요. 방정환은 나라를 걱정하는 청년들과 함께 '청년구락부'라는 모임을 만들었어요. 구락부는 취미나 친목을 목적으로 조직된 클럽이라는 뜻이에요.

청년구락부는 사실 비밀 결사 조직이었어요. 1910년 우리나라는 일제에 나라를 빼앗겨 식민 지배를 받는 상황이었거든요. 그래서 일제의 감시를 피하기 위해 취미 활동을 하는 클럽 모임으로 위장한 것이랍니다. 실제로 이 모임에서는 방정환이 쓴 작품을 연극으로 만들고, 공연하면서 독립의 필요성을 널리 알리고 나누었답니다.

1919년 3·1 운동이 전국 방방곡곡에서 일어날 수 있었던 것은 바로 방정환의 장인어른 손병희 덕분입니다. 손병희는 '민족 대표 33인'의 주축으로 3·1 운동을 오랫동안 준비하면서 실제로 이뤄질 수 있게 이끈 분입니다. 천도교 중앙대교당을 짓는다고 전국적으로 성금을 모았는데, 이 성금의 대부분은 독립운동 자금으로 사용되었답니다.

3·1 운동 당시 천도교는 주도적으로 독립운동을 이끌었어요.

1919년 당시 보성사의 모습.

3·1 독립선언서.

천도교의 인쇄소인 보성사에서는 「독립선언서」를 인쇄했습니다. 또 독립 만세 운동 소식을 전하기 위해 《조선독립신문》을 발행했어요. 방정환도 이 신문의 발행에 참여하면서 독립운동 소식을 열심히 알렸습니다. 하지만 일제는 《조선독립신문》 사장을 잡아가고, 보성사를 불태워 버렸습니다.

방정환은 작은 인쇄기인 등사기를 집으로 몰래 가지고 와서 청년구락부 회원들과 함께 직접 기사를 쓰고 신문을 만들어 독립운동 소식을 알렸습니다. 하지만 일제는 신문이 나오는 것을 막기 위해 방정환 집을 에워쌌습니다. 민족 대표 손병희의 사위인 방정환 역시 독립운동에 참여했을 것이라 생각했기 때문이에요. 방정환은 등사기와 만든 신문 등을 보자기에 싸서 우물로 던져 버렸습니다. 일제는 증거를 찾지 못하고도 방정환을 체포해서는 독립운동에 참여했다고 자백하라며 협박하고 고문했어요. 방정환은 끝끝내 독립운동을 한 비밀을 지키면서 버텼어요. 일주일 동안 계속된 조사에도 아무런 증거가 나오지 않자 방정환은 풀려났어요. 그렇지만 이후로 방정환은 주요 감시 대상자가 되어 항상 일본 경찰의 감시를 받게 되었답니다.

3. 방정환은 왜 어린이를 떠올렸을까요?

방정환은 일제의 끊임없는 감시로 국내 활동이 어려워졌어요. 3·1 운동 이후 일제는 독립운동을 더 이상 펼치지 못하도록 한편으로는 강하게 탄압하고, 또 한편으로는 친일파들을 만들어 통치했어요. 이런 상황에서 방정환은 우리 민족을 위해 어떤 일을 하면 좋을지 고민했어요. 이때 방정환은 어린이를 떠올렸어요. 어린이들이야말로 독립운동의 씨앗이 되고 싹으로 자랄 존재라고 생각한 거지요. 당장 눈앞의 힘든 상황만이 아니라 앞으로 10년 후, 100년 후를 내다보면서 어린이를 잘 키우겠다고 다짐했습니다.

방정환은 오래전부터 동학 2대 교주 최시형이 남긴 말씀을 마음에 담아 두고 있었습니다.

> "어린 아이를 때리지 마라. 한울님을 때리는 것이니라."

천도교에서는 사람이 곧 하늘(한울)이라는 '인내천' 사상을 바탕으로 사람들의 마음을 모았습니다. 사람이라면 누구나 귀하게 존중받아야 한다는 인권이 강조되면서, 동학 농민 운동 때부터 신분 차별을 받던 사람들에게 큰 호응을 얻은 것입니다. 그래서 어린이를 하느님처럼 귀하게 여겨야 한다는 이야기가 방정환에게 감동적으로 다가온 것입니다.

당시만 해도 어린이는 온전히 사람대접을 해 주지 않고, 툭하면 때리거나 구박을 하는 경우가 많았거든요. 천도교에서 함께 공부하던 김기전이나 이돈화 선생도 어린이를 존중하며 대우해야 한다고 했던 터라, 방정환은 이를 제대로 실천해야겠다고 생각했어요. 우리 민족의 미래를 밝히려면 어린이를 위한 공부와 활동이 꼭 필요하다고 생각했기 때문이에요. 그래서 방정환은 1920년 일본으로 유학을 가서 어린이 문학과 어린이 심리학 공부를 시작했어요.

방정환은 이후 서울과 도쿄를 바쁘게 오가면서 어린이를 위한 활동을 본격적으로 시작했습니다. 1921년에는 '천도교 소년회'를 만들어 운동회와 소풍 등 어린이를 위한 행사를 열었어요. 또 어린이들을 위해 세계 명작 동화를 우리말로 풀어서 펼쳐 내었답니

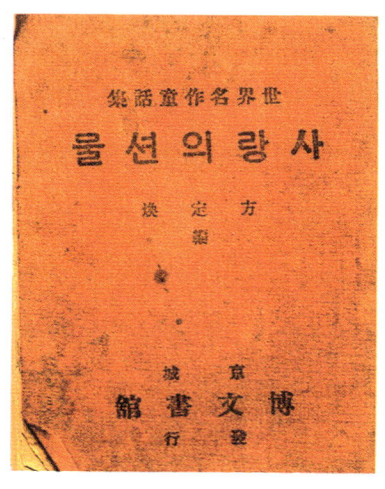

방정환이 펴낸 『사랑의 선물』.

다. 바로 『사랑의 선물』이라는 동화책입니다. 이 책은 제목처럼 어린이를 위한 선물로 마련된 책이랍니다. 읽을거리가 마땅치 않은 상황에서 이 책은 어린이들에게 넓은 세상과 마주할 수 있는 선물 같았거든요. 이 책을 펼쳐 내고 나서 방정환이 쓴 글을 보면 100여 년 전 어떤 마음으로 이 책을 펼쳐 냈는지 알 수 있을 거예요.

"학대받고, 짓밟히고, 차고 어두운 속에서 우리처럼 또 자라는 불쌍한 어린 영들을 위하여 그윽이 동정하고 아끼는 사랑의 첫 선물로 나는 이 책을 짰습니다."

4. 방정환은 왜 '색동회'를 만들었을까요?

1922년 5월 19일, 방정환은 한없이 울었습니다. 평생 독립운동에 헌신한 장인 손병희가 숨을 거두었기 때문입니다. 일제는 손병희가 3·1 운동을 거국적으로 준비하며 독립운동을 열어 갔다는 이유로 그를 서대문형무소에 가두고 모질게 심문했습니다. 이로 인해 손병희는 병이 깊어져 안타깝게 돌아가셨답니다.

방정환은 장례를 치르고 나서 다시 일본으로 건너갔습니다. 일본에서 다른 유학생들과 함께 일제의 감시를 피해 어린이들을 위한 활동 계획을 세우기 위해서였어요. 1923년 3월, 미래의 희망인 어린이들을 잘 키우기 위한 모임을 만들기로 뜻을 모아 어린이 문화 운동 단체인 '색동회'를 만들었어요. 색동회라는 이름은 '색동'에서 따온 것이에요. 아이가 태어나서 백일, 돌잔치 때 입는 색동저고리를 생각해서 지은 이름이에요.

"일제에 나라를 빼앗긴 우리나라 어린이 중 많은 경우, 가난해서 어려서부터 많은 노동에 내몰리고 제대로 배우지 못하는 상황이 안타깝네! 세계 다른 나라에서는 5월 1일에 일하는 사람들을 위해 쉬는 날을 만들고 격려하는 노동자의 날이 있는데, 우리 어린이들에게도 그런 선물 같은 날을 만들어 주면 어떻겠나?"

방정환의 제안에 색동회 회원들은 다 찬성했어요. 덕분에 어린이날 잔치를 준비하기로 했답니다. 어린이 인권을 널리 알리고 또 어린이에게 선물 같은 날을 만들어 주자고 뜻을 모았습니다. 덕분에 어린이날 기념식은 어린이를 위한 행사들이 축제처럼 펼쳐졌답니다. 색동회 회원들이 준비한 동요회, 강연회, 연극 등이 열렸고, 여기에는 어린이뿐만 아니라 어른들도 누구나 즐겁게 참여할 수 있었습니다.

색동회에서는 1928년에 20여 개 국가에서 그림, 사진, 동요, 동화, 아동극 등의 작품을 받아 '세계아동예술전람회'를 열었습니다. 색동회는 우리말과 우리글을 지키면서 세계 어린이들과 함께하는 다채로운 문화 활동으로 오늘날 우리 문화를 만드는 데 큰 역할을 했답니다.

어린이날 잔치를 준비한 색동회 회원들. 앞줄 왼쪽에서 세 번째가 방정환.

5 방정환의 이름이 39개나 된다고요?

방정환은 어린이날을 만들고 나서 한시도 쉬지 않고 전국 방방곡곡에 있는 어린이들과 만났습니다. 동화 구연, 순회강연, 아동극 공연 등을 비롯해 《어린이》 잡지 발행까지 자신의 건강을 돌보지 못한 채 눈코 뜰 새 없이 바쁜 나날을 보냈어요. 그를 걱정하는 어린이 친구들이 잡지에 편지를 썼어요. 그리고 그 글에 답글이 줄줄이 실리기도 했답니다.

> "방 선생님, 담배를 잡수지 말아 주십시오. 11월 호 방 선생님 미행기에 보니 선생님 입에 담배가 떠날 새가 없으시다 하오니 저희들 마음에 대단히 염려됩니다. 학교 선생님께 듣든지 우리 소년 단장에게 듣든지 담배를 많이 피우는 것은 머리에 크게 해롭다고 합니다."
>
> (전남 고흥의 신을식 어린이)

> "나도 찬성합니다. 새해부터는 선생님, 담배를 끊어 주십시오."
>
> (원산 송희재, 경산 김동광)

방정환.

잡지에는 어린이들의 생생한 사연과 흥미로운 토론도 있었어요. 어린이들이 직접 참여하고 의견을 나누는 재미있는 프로그램이었습니다. 예를 들어 <사업을 잘하기 위해서는 '지혜'가 중요한가, '성실, 근면'이 중요한가>에 대한 토론이 있었어요.

> 김명준 어린이: "이 세상 만물 중에 사람이 제일 귀하다고 하는 것은 무슨 까닭입니까? 오직 '지혜'란 것이 있는 까닭입니다. 오늘날 문명이 하나라도 지혜의 덕이 아닌 것이 있습니까."
> 고영직 어린이: "지혜는 결코 저절로 생기는 것이 아니오, 부지런히 배우고 정성으로 연구하는 데서 생기는 것입니다. 성실과 근면함은 지혜의 어머니입니다."

이렇게 토론을 한 뒤에는 독자들이 투표를 했어요. 결과는 어땠을까요? 성실, 근면 편이 잘했다가 2,844표, 지혜 편이 잘했다가 2,843표로 최종적으로 성실, 근면 편이 1표가 많았답니다. 흥미진진한 토론을 펼치고 투표하는 경험도 맛보게 해 준 잡지 《어린이》는 어려운 시기 어린이들에게 생각을 키워 주고 즐거움을 함께 나누는 친구가 되어 주었답니다.

독자 어린이들의 걱정에도 불구하고 방정환의 몸은 점점 허약

해져 가고 코피가 많이 났어요. 평소처럼 잡지사에 출근한 어느 날 방정환은 결국 쓰러지고 말았어요. 그렇게 병원에 입원한 지 일주일 만에 안타깝게도 33세라는 젊은 나이에 숨을 거뒀어요. 방정환은 죽기 전 다음과 같은 말을 남겼습니다.

"문간에 검정말이 모는 검은 마차가 날 데리러 왔으니 가야겠소. 어린이를 두고 가니 잘 부탁하오."

　방정환은 흔히 '소파 방정환'이라고도 많이 불리지요. 소파는 방정환의 호예요. 호는 다른 사람이 지어 주기도 하지만 방정환은 자신이 직접 지었다고 해요. 한자 말 소파(小派)는 '작은 파도'라는 뜻입니다. 이 말은 어린이들 가슴에 작은 파도를 일으키면서 새로운 변화를 만들고 싶은 바람을 담아 만든 것이랍니다. 방정환은 작은 파도가 날이 갈수록 커지면서 훗날에는 큰 파도가 되어 출렁일 것이라 믿었어요. 방정환은 늘 10년 후의 미래를 생각하자면서 어린이를 위한 일에 힘쓰자고 이야기했어요.

　방정환은 소파라는 호 외에도 많은 이름이 있었습니다. 잡지 《어린이》에는 다양한 글을 쓰는 필진이 있었어요. '잔물', '소파

방정환 묘비에 쓰여 있는 글귀 '동심여선(童心如仙)'. '아이 마음은 신선과 같다.'라는 뜻이다.

생', 'SP생', '몽중인', '깔깔박사', '길동무', '북극성', 'ㅈㅎ생' 등등 특이하고 재밌는 이름들이지요. 사실 이들은 놀랍게도 모두 한 사람입니다. 바로 방정환이에요. 잡지 초창기에는 잡지에 글을 쓸 사람이 부족했어요. 그래서 방정환은 39개나 되는 필명을 써서 여러 사람이 글을 쓰는 것처럼 했어요.

방정환은 글의 성격에 맞게 필명을 골랐어요. 예를 들면 '깔깔박사'는 웃긴 이야기를 쓸 때 쓴 필명이고, '북극성'은 "길 잃은 사람들의 길잡이"가 되고 싶어서 탐정소설을 쓸 때 쓴 필명이에요.

방정환은 너무 젊은 나이에 안타깝게 죽음을 맞았지만 그가 일으킨 잔물결은 오히려 시간이 흐를수록 점점 커져서 큰 물결이 되었어요. 그가 만든 잡지와 책은 어린이들에게 큰 꿈과 희망을 주었고, 그의 헌신은 우리나라의 독립을 이끌었어요. 그리고 그가 만든 물결은 100년 후 우리와 만나고 또 새로운 100년 후 미래의 어린이들을 위해 도도하게 흐르고 있답니다.

2

방정환은 왜 어린이에 관심을 가졌나요?

6. 일제 강점기에 어린이들은 어떻게 살았나요?

일제 강점기 때 어린이들은 하루하루 살기가 참 어려웠습니다. 어린이 대부분은 지금처럼 학교에 다니지 못하고 일터에 나가 일을 해야 했어요. 또 일제로부터 민족 차별도 많이 당했습니다. 학교에 다니는 어린이도 한글 대신 일본어를 국어로 배워야 했고, 심지어 우리말을 썼다는 이유로 뺨을 맞거나 벌을 서는 경우도 많았습니다.

일본은 1930년대 후반 중국을 비롯해 아시아 태평양 지역에 전쟁을 일으켰어요. 이후 일본은 우리나라 사람을 전쟁에 동원하기 위해 일왕의 충성스러운 국민으로 만들고자 했어요. 우리나라 사람들은 매일 아침 일왕이 사는 곳을 향해 허리 숙여 절을 하고 일왕에게 충성을 다짐해야 했어요. 어린이도 예외는 아니었어요. 당시 우리 이름을 버리고 일본식 이름과 성으로 바꾸는 창씨개명도 시켰습니다.

일제 강점기 당시 고무 공장에서 일하는 한국인 여성 노동자들.

 이 과정에서 수많은 우리나라 사람들이 광산과 공장에서 힘든 일을 하거나 전쟁터로 끌려가 목숨을 잃었습니다. 당시 청소년들도 많이 끌려갔습니다. 심지어 여성 중에는 일본군 '위안부'라는 이름으로 전쟁터에 강제로 끌려가 상상하기 힘든 고통을 당하고 많은 경우 목숨까지 잃었습니다. 하지만 일본 정부는 아직까지도 피해자들에게 제대로 된 사과를 하지 않고, 오히려 이런 일이 없었다고 발뺌만 하고 있답니다. 유엔 인권 위원회에서는 일본군 '위안부'를 반인륜적 전쟁 범죄 행위로 규정하고, 일본 정부가 국가적 책임을 인정하도록 결의했어요. 하지만 일본 정부는 지금도 과거 역사를 부정하고 있습니다.

식민 지배 상황에서 어린이들의 삶은 너무 힘들었습니다. 조선 총독부에서는 어린이들에게 공부 대신 일을 하도록 지시했거든요. 여물지 못한 보리를 뽑는 작업에 어린이들을 내보내 무려 1만 5000뿌리를 뽑고, 10월에는 추수에 15번, 보리 파종에만 5번 내보냈다는 기록이 남아 있습니다. 이렇게 일을 시키고 농사의 달인이라며 어린이를 칭찬하기도 했습니다.

일제는 어린이에게 농사일만 시킨 것이 아니었습니다. 공장과 탄광 등에도 보내서 강제 노동을 시켰습니다. 당시 강제 노동에 동원된 어린이들을 산업 전사, 노동 영웅으로 치켜세우면서 적극적으로 홍보하는 일도 많았습니다.

7 '어린이'라는 말에는 특별한 뜻이 있다고요?

오늘날 우리가 익숙하게 쓰는 '어린이'라는 말은 방정환 덕분에 널리 쓰이게 되었어요. 방정환은 아이들에게도 인격이 있고, 나이에 알맞게 존중받는 이름을 붙여 주자면서 '어린이'라는 말을 널리 쓰자고 제안했습니다. '어리지만 엄연한 사람'이라는 뜻이라고 설명을 덧붙였지요.

조선 시대에 '어린이'는 어리석은 사람, 아직 깨우치지 못한 사람이라는 뜻이었어요. 1920년 초까지만 해도 어린이는 주로 '애녀석', '애새끼', '아해놈' 등으로 낮추어 불렀습니다. 이렇게 부르면 당연히 어린이를 존중할 수 없겠지요. 방정환은 어른은 '뿌리', 어린이는 '새싹'이라고 하면서, 새싹을 위로 보내고 뿌리는 일제히 밑으로 가자고 주장했어요. 어린 사람의 뜻과 인격을 존중해야 우리가 바라는 좋은 새 시대가 온다고 강조했습니다. 어린이를 어린 아이를 대접해 부르는 말로 사용하자고 한 것입니다.

어린이날 101주년을 기념해 서울 광화문에서 열린 어린이날 잔치.

 '어린것', '애' 등으로 하찮게 불리던 존재를 '어린이'라고 존중하여 부르자는 운동을 펼친 방정환 덕분에 어린이를 바라보는 사람들의 생각과 태도가 달라졌습니다. 실제로 오늘날 사용하는 어린이의 뜻도 조선 시대와는 전혀 다른 의미로 바뀌었답니다. 1923년 첫 어린이날 행사에서는 어른들에게 어린이를 윽박지르지 말고 존중하면서 부드러운 말을 쓸 것을 제안했습니다. '어린이'라는 말을 통해 오해나 편견을 고치고, 나아가 세상을 변화시킬 수 있다는 가능성과 마주했기 때문입니다.

 방정환은 일제에 갇혀 있는 암울한 조선 민족의 희망을 어린이에게서 찾았습니다. 이에 1921년 어린아이를 높여 부르는 말로 '어린이'라는 단어를 공식화하면서 어린이날을 만들었답니다. 방정환이 남긴 어린이에 대한 뜻을 함께 읽어 보면서 어린이에 대해 다시 한 번 생각해 보면 좋겠습니다.

> "어린이는 어른보다 한 시대 더 새로운 사람입니다. 어린이의 뜻을 가볍게 보지 마십시오."

8 일제 강점기에 어린이를 위한 특별한 잡지가 있었다고요?

"어린이들에게 잡지를 자주 읽히십시오. 어린이에게는 되도록 다달이 나는 어린이를 위한 잡지를 읽히십시오. 그래야 생각이 넓고 커짐은 물론이요, 또한 부드럽고도 고상한 인격을 가지게 됩니다. 돈이나 과자를 사 주지 말고 반드시 잡지를 사 주십시오."

100여 년 전 어린이날 선전문입니다. 어린이들을 위해 돈이나 과자 대신 잡지를 추천하는 내용이 담겼습니다. 방정환은 어린이날을 만들고 나서 생의 마지막 순간까지 어린이를 위한 잡지를 공들여 만들었답니다. 방정환은 어린이가 다양한 분야의 잡지를 읽는 것을 중요하게 생각해서, 마침내 1923년 한글 잡지 《어린이》를 창간했습니다. 《어린이》는 나라를 빼앗기고 어려운 환경에 놓인 어린이가 꿈과 희망을 키울 수 있게 재미있고 다양한 읽을거리를 마련해 주었답니다.

1923년, 《어린이》는 새로운 시대를 이끌어 갈 어린이들을 위해 정겨운 표어를 걸고 만들어졌어요. "씩씩하고 참된 어린이가 됩시다. 그리고 늘 서로 사랑하며 도와 갑시다." 이 잡지는 일제에 나라를 빼앗긴 상황 속에서도 1923년 3월 호를 시작으로 1935년 7월까지 12년간 총 122권을 발행하면서 존중의 뜻을 담은 '어린이'란 표현을 널리 알렸습니다. 또 어린이가 마음껏 뛰어놀고 건강하게 자랄 권리가 있다는 점을 알리면서 부록으로 보드게임을 제공하고 다채로운 문화 행사를 열었습니다.

한글 잡지 《어린이》 창간호.

방정환이 조직한 어린이 문화 운동 단체인 '색동회' 회원들을 비롯하여 윤극영, 마해송, 주요섭, 이태준, 심훈 등 당시 대표적인

다양한 《어린이》 표지들.

지식인이나 문인 들이 이 잡지에 글을 써 주었습니다. 동화, 동요, 동시, 소설 같은 문학작품부터 교양 관련 내용이며 짤막한 이야기, 편지 등을 다양하게 소개해 주었어요.

우리나라 '국민 동요'처럼 된 〈반달〉은 1924년 바로 이 《어린이》에 발표된 작품이에요. '푸른 하늘 은하수 하얀 쪽배엔'으로 시작하는 노랫말은 '샛별이 등대란다 길을 찾아라'로 끝맺지요. 어린이들에게 꿈과 용기를 주는 노래입니다. 이밖에도 동요 〈퐁당퐁당〉, 〈옹달샘〉, 〈기찻길 옆 오막살이〉 등 윤석중의 노래도 《어린이》를 통해 널리 알려지게 되었어요.

처음 《어린이》 잡지가 나왔을 때는 공짜로 준다고 해도 사람들이 별로 관심을 보이지 않았어요. 하지만 방정환은 전국 순회강연을 다니고 또 천도교 소년회 등과 함께 토론회를 열면서 적극적으로 알리는 활동을 쉬지 않았습니다. 그런 노력 덕분에 1920년대 후반에 이르러서는 독자가 10만여 명이나 되었답니다. 당시 서울 인구가 30만 명이었는데, 엄청나게 많은 독자가 생긴 것이랍니다. 이런 결과에는 《어린이》를 펴내기 위해 온갖 고생을 마다하지 않으며 모든 열정을 쏟은 방정환의 역할이 컸습니다.

하지만 《어린이》 잡지가 큰 인기를 끌자 일제의 방정환에 대한 감시는 더 심해졌어요. 독자가 10만 명이 넘을 정도로 인기를 끈 이 잡지가 3·1 운동 같은 독립운동을 다시 일으키는 역할을 할까 봐 두려웠던 거지요. 일제는 잡지가 나오기 전에 내용을 미리 살피는 사전 검열을 했습니다. 독립정신을 키우는 내용은 미리 검열해서 잡지 내용에서 빼도록 한 것입니다. 편집 책임자인 방정환은 날마다 조선총독부에 불려가서 내용에 대해 설명을 해야 했어요. 그 과정에서 상당히 많은 내용이 삭제되고, 심지어 연재를 중단 당하는 일까지도 있었습니다. 방정환은 "짭짤한 구절은 검열할 적에 꼭꼭 삭제를 당해 마치 꼬리 빠진 족제비 모양이 되었다."고 당시의 부당한 현실을 꼬집기도 했어요.

이런 어려운 상황 속에서도 《어린이》는 당시 나온 다른 출판물과 다르게 한자나 일본어를 사용하는 대신 동화나 동시 등에서 순 한글을 사용하였어요. 덕분에 어린이들은 일본어가 아닌 우리말과 우리글로 자신의 생각을 펼쳐 나갈 수 있었답니다.

9. 일제 강점기에도 어린이를 위한 보드게임이 있었다고요?

100여 년 전에도 어린이들이 즐겨 하는 보드게임이 있었습니다. 신기하게도 지금 보드게임과 큰 차이가 없답니다. 잡지 《어린이》는 아이들의 놀이터로도 큰 인기를 얻으며 사랑받았어요. 잡지책에 실린 내용뿐만 아니라 특별 부록으로 제공된 놀이 말판(보드게임) 덕분이에요.

방정환이 직접 만든 보드게임은 어린이를 위한 놀잇감이 드물었던 시대에 어린이에게 정말 귀한 놀잇감이었어요. 더구나 즐겁게 게임을 하는 과정에서 자연스럽게 여행 경험과 민족정신을 키울 수 있어 큰 인기였어요. 지리와 발명품을 주제로 한 '세계 일주 말판'과 '조선 일주 말판', 조선의 자랑거리와 자부심을 담은 '조선 자랑 말판', '조선 13도 고적 탐승 말판' 등이 부록으로 만들어져서 나눠졌거든요.

'어린이 대운동회 말판'은 《어린이》 잡지의 1930년 2월 호 부록

돈의문박물관마을에서 전시되었던 '어린이 대운동회 말판'.

으로 제작된 것이에요. 최근 이 말판이 발견되어서 박물관 등에서 어린이들이 직접 게임에 참여할 수 있게 전시하고 있답니다.

'세계 발명 말판'은 세계 발명품을 소개한 말판이에요. 《어린이》의 1931년 1월 호 부록이에요. 주사위를 던져 나온 숫자만큼 이동해 마지막 칸인 '라디오' 칸에 제일 먼저 들어가는 말이 1등이 되는 게임입니다. 전기, 전차, 자동차, 기차, 전화, 전축, 시계, 비행기, 다이너마이트, 라디오 등 인류 역사를 바꿔 놓은 발명품이 발명 시기 순으로 나와 있어요. 당시에 최신 발명품인 '라디오'가 최종 목적지입니다.

세계 발명 말판.

주사위 점수로 출발 위치가 정해지는데요. 1은 '출발' 칸에, 2는 '입학' 칸에, 3은 '예습' 칸에 놓아야 합니다. 또 특정 칸에 말이 놓이면 쉬거나 한 번 더 던질 수 있어요. '도서관'에 도착하면 한 번 더 던질 수 있고 '낙망'에 들어가면 한 차례 쉬어야 합니다.

칸마다 '실습', '시험', '연구', '불면' 등 힘든 시간을 거쳐 마침내 발명까지 가는 과정도 표시되어 있어요. 어린이에게 과학 발명품에 대한 최신 정보를 알려 주며, 자연스럽게 발명품이 만들어지는 과정을 알 수 있도록 한 것이죠.

3

방정환은 왜 어린이날을 만들었을까요?

10 어린이날을 왜 만들었을까요?

어린이날 하면 어떤 기분이 드나요? 선물, 놀이 등 즐거운 것들이 많이 떠오를 거예요. 하지만 어린이날이 만들어진 당시 어린이들은 지금과 달리 많은 어려움을 겪었답니다. 무엇보다 일본에게 강제로 나라를 빼앗긴 데다가, 더욱이 어린이는 기본적으로 한 사람으로 존중받지 못했던 상황이었기 때문입니다. 어린이날이 만들어진 것은 어린이들이 차별받고 제대로 돌봄을 받지 못한 어려운 상황들을 바꾸고, 또 우리 민족의 희망을 만들기 위해서였습니다.

우리나라뿐 아니라 전 세계적으로 어린이는 그저 어른의 말을 따라야 하고 교육은커녕 집안일을 하거나 농촌, 공장 등에서 일하는 역할로 생각해 왔습니다. 건강하게 교육받으며 성장해야 할 시기에 일터로 내몰려 노동을 하고, 제대로 먹지 못해 목숨을 잃는 경우도 많았습니다.

특히, 일제 강점기에 일본은 우리나라가 자신들의 식민지임을

20세기 초 미국의 광산에서 일하는 어린이 노동자들. 미국의 다큐멘터리 사진작가 루이스 하인이 1911년에 촬영했다.

가르치고 우리의 언어와 문화를 박탈하려고 했습니다. 이런 어려운 시기에 우리 민족의 미래를 내다본 뜻있는 분들은 어린이들을 새롭게 살피며 돕기 위하여 노력했습니다. 방정환은 "젊은 사람을 젊은이라고 하듯이 나이가 어린 사람도 어린이라고 불러야 한다."며 '어린이'라는 말을 널리 보급하는 데 힘썼습니다. 그때까지 어른들은 '아이들, 애, 애들, 계집애' 등으로 불렀지만, 어린이를 존중하고 어린이의 기본적 인권을 보장하기 위해 어린이날을 정하면서부터 어린이라는 말을 널리 쓰고 어린이들을 새롭게 보기 시작했습니다.

이렇게 어린이날을 만들 수 있었던 것은 모든 사람은 평등하다고 한 동학의 영향도 컸습니다. 일찍이 "어린 아이를 때리지 마라. 한울님을 때리는 것이니라."라고 강조한 동학의 2대 교주 최시형의 뜻을 이어받아 천도교에서는 어린이 운동에 큰 힘을 보탰습니다. 방정환은 천도교 소년회 등에서 활동하면서 어린이들의 건강과 교육을 위해 노력했습니다. 동학 농민 운동으로 크게 확장된 천도교에서 시작한 어린이 운동은 3·1 운동과 같이 들불처럼 커져 마침내 어린이날로 만들어진 것입니다. 그래서 어린이날 행사는 천도교 마당에서 이뤄지고 이후 거리 행진을 했답니다. 실제

천도교 마당에 있는 방정환 모습의 그림판과 세계 어린이 운동 발상지를 표시한 기념비.

로 3·1 운동은 방정환의 장인인 천도교 손병희 선생이 주도적으로 추진하면서 전국 방방곡곡으로 펼쳐질 수 있었거든요.

　어린이날은 일제의 탄압과 어려움 속에서도 우리 민족의 희망과 미래를 상징하는 날이었습니다. 어린이날은 어린이의 인격과 권리를 존중하고, 어린이의 행복과 독립 정신을 키우기 위해 만들어졌습니다.

어린이날이 5월 1일이었다고요?

어린이날은 언제일까요? 다른 기념일은 헷갈려도 어린이날은 5월 5일이라고 잘 알고 있지요. 하지만 방정환을 비롯한 어린이 운동가들이 100여 년 전 처음 만든 어린이날은 우리가 익숙하게 알고 있는 5월 5일이 아니었습니다. 과연 어린이날의 첫 시작은 몇 월 며칠이었을까요?

오른쪽 포스터를 보면 어린이날의 첫 시작을 알 수 있답니다. 어린이날 날짜가 한자로 적혀 있어요. 놀랍게도 이날은 5월 5일이 아니라 '5월 1일(五月 一日)'이라고 쓰여 있습니다. 왜 5월 1일이던 어린이날이 5월 5일로 바뀌었을까요?

어린이날을 5월 1일로 정한 데에는 중요한 역사적 배경이 있습니다. 바로 3·1 운동입니다. 3·1 운동은 우리나라가 1910년 일제에 강제로 주권을 빼앗긴 상황에서, 1919년 전국 방방곡곡은 물론이고 나라 밖 해외에서도 조국을 되찾기 위해 일어난 독립운동

1920년대 어린이날 포스터.

입니다.

    1919년 3·1운동이 펼쳐지고 나서 유관순 열사를 비롯해 수많은 사람이 목숨을 잃고 다치고 투옥되는 등 극심한 탄압을 받았습니다. 방정환을 비롯한 어린이 운동가들도 3·1운동에 참여했습니다. 하지만 3·1운동 후 일제의 감시와 탄압은 더 심해졌고, 이 상황에서 방정환과 어린이 운동가들은 우리 민족의 미래인 어린이들을 위한 새로운 길을 만들 필요가 있다고 생각했습니다.

    어린이가 일하는 노동자들 못지않게 천대받고 무시받았던 상황을 고려해서 어린이날을 정하자고 뜻을 모았습니다. 그래서 노동자의 날인 5월 1일을 어린이날로 정했습니다. 어린이들이 일하는 사람 못지않게 제대로 존중받지 못한 현실을 바꾸며 진정한 해방을 이뤄야 한다면서 날짜를 정한 것이에요. 어린이들이 노동에 내몰리지 않고, 건강하고 행복하게 자라야 한다고 생각했기 때문입니다. 실제로 어린이날 기념식을 열고 나서 어린이와 노동자 들이 함께 '어린이 만세'를 외치며 거리 행진을 했습니다.

> "오늘 우리는 우리 겨레의 희망인 어린이들을 위해 특별히 모였습니다. 젊은 사람을 젊은이라고 하듯 이 순간부터는 나이가 어린 사람을

어린이라고 부릅시다. 여태 어른들은 '애, 애들, 계집애' 따위로 어린이를 무시하였습니다. 그렇게 해서는 안 됩니다. 이제부터 우리는 어린이들을 완전히 존중하고, 14세 이하의 어린이들에 대한 노동을 없애고, 어린이들이 건강하게 자라면서 마음껏 배우고 뛰어놀 수 있도록 여러 가지 좋은 환경들을 만들어야 합니다. 이에 오늘 우리는 5월 1일을 '어린이날'로 정해서 그 뜻을 널리 나누고자 합니다."

방정환이 어린이날 제정을 선포한 날에 연설한 내용입니다. 이 연설을 보면 어린이날의 역사를 새롭게 살펴볼 수 있습니다. 원래의 어린이날은 일하는 모든 사람들이 존중받으며 함께하는 날이었습니다. 그래서 어린이들도 오전에는 노동자의 날 행사에 참여하고, 오후에는 어린이날 행사에 참여했습니다. 그리고 그날의 행사들은 독립운동이기도 했습니다.

12 어린이날 포스터에 비밀이 있다고요?

오른쪽 포스터는 어린이날을 기념하기 위해 만들어졌습니다. 자세히 포스터를 살펴보세요. 그럼 새로운 것들이 보일 거예요. 우선 '어린이날' 글자 사이사이에 숨은 어린이들의 모습이 보이나요? 정성껏 만든 포스터에는 어린이들이 다양한 모습으로 함께 그려져 있습니다.

다음으로 포스터에 적힌 글자를 한번 살펴보세요. '잘 살려면 어린이를 위하라!', '희망을 살리자, 내일을 살리자!'와 같은 내용이 있어요. 어린이날이 어떤 의미인지 함께 나눈 것이지요.

이 포스터는 어린이날이 처음 만들어진 역사적 상황을 다채롭게 보여 줍니다. 이 포스터를 만들 당시 한글은 지금처럼 왼쪽에서 오른쪽으로 읽지 않고, 오른쪽에서 왼쪽으로 읽었답니다. '신무고 선복거' 이렇게 보면 무슨 말인지 모르겠지요. 이건 '거복선 고무신'으로 읽어야 해요. 이 포스터는 서울고무공사의 '거복선

1920년대 어린이날 포스터.

고무신' 광고 협찬으로 만들어졌답니다.

놀라운 것은 이 포스터에는 어린이날 날짜가 바뀌었다는 것을 보여 주는 증거가 있어요. 바로 '일공첫월오'에요. 이 말은 사실 '오월 첫 공일(공휴일)'이거든요. 어린이날은 1923년 5월 1일로 시작했지만, 1927년부터 5월 첫 일요일로 변경되었어요. 도대체 왜 그런 것일까요?

어린이날 기념식에서 어린이들은 다음과 같은 노래를 부르면서 거리 행진을 했어요.

> 기쁘구나 오늘은 5월 1일은 우리들 어린이의 명절날일세
> 복된 목숨 길이 품고 뛰어노는 날 오늘이 어린이의 날 만세
> 만세를 같이 부르며 앞으로 앞으로 나아갑시다
> 아름다운 목소리와 기쁜 맘으로 노래를 부르며 가세

하지만 일제는 3·1 운동처럼 어린이날을 두려워했어요. 어린이날 행사가 독립운동으로 이어질까 경계하면서, 1927년부터는 어린이날 행사를 5월 첫째 공일(일요일)로 바꾸어 버렸어요. 어린이날 행사를 못마땅하게 여긴 일제는 1937년에는 아예 어린이날 행사를 완전히 금지시켰습니다.

하지만 1945년 8월 15일 우리나라가 독립하면서 1946년부터 '어린이'를 존중하는 마음을 되살리려고 어린이날이 다시 시작되었어요. 그리고 1961년에 만든 「아동복지법」에 따라 매년 5월 5일을 어린이날로 정하였고, 이후 1975년부터 공휴일로 지정되어 오늘날까지 이어지고 있답니다.

어린이날이 만들어지고 나서 100여 년 동안 많은 일이 있었지요. 우리 민족의 독립과 함께 되살아난 어린이날의 역사를 다시 한 번 생각해 보면 좋겠습니다.

13 세계 다른 나라에도 어린이날이 있나요?

세계 다른 나라에도 어린이날이 있을까요? 나라와 종교·문화권 등에 따라 기념일이 각각 다릅니다. 우선 세계적으로는 1956년 유엔과 유네스코에서 세계 어린이날을 11월 20일에 열어 가자고 제안했어요. 두 차례 세계대전을 치르고 나서 평화의 소중함을 알리고 어린이가 존중받지 못한 상황을 바꿔 나가기 위해 제안한 것이에요. 우리나라처럼 이미 어린이날이 있는 나라는 그 나라 어린이날에 맞춰 운영하기로 했어요.

중국의 어린이날은 6월 1일이에요. 이날은 국제 어린이날이라고도 불리는데, 1925년에 스위스 제네바에서 열린 아동 복지를 위한 세계 회의에서 만들었어요. 중국에서는 이날을 공휴일로 지정했고, 부모들은 어린이들에게 선물을 주거나 놀이공원이나 박물관 등에 데려가기도 하지요. 학교에서도 다양하고 신나는 행사를 많이 합니다.

일본은 어린이날을 '남자 어린이날'과 '여자 어린이날'로 나눠 기념합니다. 남자 어린이날은 5월 5일, 여자 어린이날이 3월 3일입니다. 5월 5일은 일본에서 고대부터 남자 어린이의 건강과 행운을 기원하는 날이었어요. 일본에서는 이날을 공휴일로 지정하고, 어린이를 위해 장식용 장미꽃을 만들거나, 강가에 잉어 모양의 연을 달아 줘요. 잉어 연은 어린이들이 장애물을 극복하고 성공하라는 의미를 담고 있어요. 3월 3일은 공휴일은 아니지만, 여자 어린이에게 인형이나 케이크를 선물해 주는 풍습이 있어요.

　인도의 어린이날은 11월 14일이에요. 이날은 인도의 초대 총리였던 자와할랄 네루의 생일이기도 해요. 네루는 어린이를 매우 사랑했고, 어린이들도 그를 잘 따르고 존경했어요. 인도에서는 이날을 공휴일로 지정하고, 어린이에게 꽃이나 책, 연필 등을 선물해 주거나, 학교에서는 문화제나 체육대회 등을 열어요. 어린이들은 네루의 업적과 정신을 배우고, 민족의 자부심과 희망을 키워요.

　튀르키예의 어린이날은 4월 23일이에요. 이날은 튀르키예의 독립기념일이기도 해요. 1920년에 튀르키예의 초대 대통령이던 무스타파 케말 아타튀르크가 튀르키예의 국민대표회의를 개최한 날이래요. 아타튀르크는 어린이를 미래의 지도자로 보았고, 어린

튀르키예의 초대 대통령 무스타파 케말 아타튀르크.

이에게 이날을 선물했어요. 튀르키예에서는 이날을 공휴일로 지정하고, 다른 나라의 어린이들을 초청하여 교류하는 행사를 열어요. 어린이들은 튀르키예의 역사와 문화를 자랑하고, 세계 평화와 우호를 바라는 마음을 표현해요.

이렇게 세계에는 다양한 어린이날이 있어요. 나라별로 날짜는 제각각이지만 어린이날은 모두 어린이의 행복과 권리를 존중하고, 평화로운 미래를 만들기 위한 날로 기념하고 있어요. 어린이날을 통해 지구촌 곳곳이 더불어 행복하게 살기 좋은 곳이 되면 좋겠습니다.

14. '세계 소녀의 날'이 있다고요?

어린이 신문 이름이 바뀐 것을 알고 있나요? 오랫동안 어린이 신문의 이름은 '소년○○일보' 형태로 되어 있었어요. 하지만 이런 이름에 대해 문제 제기를 한 어린이들이 있습니다. 신문 이름에 소년만 쓰고, 소녀를 쓰지 않는 것을 이상하게 생각했기 때문이에요.

서울 당산초등학교 어린이들은 신문사에 편지를 써서 남자 어린이만 뜻하는 소년이 아니라 여자 어린이도 포함하는 '어린이 신문'으로 이름을 바꾸자고 제안했어요. 이런 제안에 《소년동아일보》는 40년 가까이 써 온 신문 이름을 2003년 《어린이동아》로 바꿨답니다. 달라진 시대 상황에 걸맞게 신문도 변화한 것이지요.

'세계 소녀의 날'도 마찬가지예요. 어린이들이 점점 존중받는 문화가 생기고 있지만 여전히 여자 어린이들은 존중받지 못하고 있는 나라들이 많거든요. 심지어 학교 교육을 받는다고 총격을

말랄라 유사프자이.

받고 생명의 위협을 받는 일이 버젓이 일어나기도 합니다. 국제연합(유엔)에서는 2011년 10월 11일에 성별과 나이로 인해 차별받는 소녀들의 권리를 보호하기 위하여 '세계 소녀의 날'을 만들었어요.

　세계 소녀의 날이 갖는 의미를 잘 알려 주는 인물이 있어요. 파키스탄 출신 소녀 말랄라 유사프자이예요. 위험한 상황 속에서 모든 어린이의 교육권을 위하여 투쟁해 노벨평화상을 수상한 인물이에요. 말랄라는 1997년 파키스탄 북부에서 태어났어요. 그녀의 아버지는 교육자이면서 남녀공학 학교까지 운영해, 여자에게도 배움의 기회를 줘야 하고, 타 종교를 억압하지 말고 공존을 인정해야 한다고 이야기하는 진보적인 사람이었습니다. 말랄라가 가진 사상과 생각 역시 개방적인 아버지의 영향이 컸다고 합니다.

하지만 아프가니스탄에서 탈레반의 세력이 커지면서 그 영향이 파키스탄에도 미쳤습니다. 탈레반은 이슬람 원리주의를 내세우는 무장 세력인데, 특히 여성에 대한 인권 탄압을 심하게 하는 것으로 알려져 있습니다. 탈레반은 말랄라의 아버지를 비난하고 그의 학교에도 종종 테러를 가했습니다.

말랄라는 탈레반이 자신이 사는 곳을 망쳐 놓고 여성의 인권을 무시하는 걸 보고 자랐습니다. 그러다 11살이 된 2009년 1월, 말랄라는 영국 공영방송 BBC 블로그에 '굴 마카이'라는 필명으로 탈레반 치하의 삶과 억압당한 여성들에 대해 일기를 쓰기 시작했습니다. 이는 세계적인 반향을 불러오게 되지요. 이 일로 말랄라는 2011년 파키스탄 청소년평화상을 수상했지만, 탈레반의 분노를 사게 되어 살해 협박을 받았어요. 하지만 그녀는 개의치 않고 용감하게 자신의 신념을 밀고 나갔습니다.

탈레반의 살해 협박은 실제로 이뤄졌어요. 말랄라는 하굣길 스쿨버스 안에서 갑자기 들이닥친 탈레반 병사에게 총을 맞았습니다. 총알은 이마와 얼굴, 그리고 목을 관통해 척추 근처 어깨까지 상처를 입혔습니다. 말랄라는 다행히도 치료를 받고 무사히

퇴원했지만, 탈레반은 '말랄라가 살아난다면 그녀와 아버지 모두 죽일 것'이라고 협박했습니다. 말랄라의 가족과 아버지를 옹호하던 친척 몇몇은 모두 신변의 위협 때문에 고국인 파키스탄으로 돌아가지 못하고 영국에 머물게 되었습니다.

이후 말랄라는 유엔 본부 단상에 선 것을 비롯해 다양한 매체와 인터뷰를 하고 연설을 했습니다. 지금은 파키스탄은 물론 시리아, 나이지리아, 케냐 등 저개발 국가 어린이들의 교육권 보장을 위한 운동을 하고 있습니다.

말랄라의 바람처럼 남성이나 여성, 성별에 따른 편견과 차별을 없애고, 평등하고 협력적인 사회를 만드는 것은 세계 평화를 위해 꼭 필요합니다. 그러기 위해서는 그동안 주목받지 못했던 소녀들의 목소리를 듣고, 응원하고, 돕는 것이 중요해요. 세계 소녀의 날에는 우리 주변의 소녀들과 전 세계의 소녀들이 행복하고 평등하게 살아갈 수 있도록 함께 응원하고 돕는 것이 어떨까요?

15 어린이 눈높이로 보면 도시가 달라진다고요?

세계적으로 도시를 어린이의 눈높이로 보자는 캠페인이 펼쳐지고 있어요. 95센티미터의 높이로 도시를 보는 것이에요. 95센티미터는 바로 3살 어린이의 평균 키랍니다. 사실 도시의 시설 대부분은 성인 남자를 기준으로 만들어져 있어요. 도로에 있는 턱이나 계단 등도 마찬가지예요. 이로 인해 어린이나 노인 그리고 장애인 등 교통 약자는 도시에서 불편함과 함께 위험에 노출될 때가 많지요.

이런 문제를 바꾸기 위해 네델란드에서는 '어반 95 프로젝트'가 시작되었어요. 95센티미터 눈높이로 도시를 살피면서 안전하고 편리한 도시를 만들어 보자는 계획입니다. 영어 '어반urban'은 '도시'라는 뜻입니다. 어린이를 비롯해 키 작은 시민들의 눈높이로 도시를 보면 이전에 보이지 않는 위험과 불편함을 찾을 수 있거든요.

예를 들면 빌딩이나 공공 기관의 출입문을 어른들은 쉽게 밀고 갈 수 있지만 힘이 약한 어린이 등은 문을 열 수 없습니다. 출입문 벨 높이도 마찬가지입니다. 이때 어린이와 사회적 약자를 배려하는 것이 필요합니다.

차도와 보도 사이 턱도 마찬가지입니다. 대개 이 턱의 높이는 20센티미터가량 됩니다. 성인에게는 큰 무리가 되지 않고 쉽게 계단처럼 건널 수 있지만 어린이나 노인 그리고 장애인에게는 커다란 장벽이 됩니다. 유모차나 휠체어를 탄 경우 이동 자체를 못할 수도 있습니다. 그래서 이런 장벽 없이 누구나 이동하는 데 불편 없는 유니버설 디자인으로 도시를 새롭게 만들어 가고 있답니다.

우리나라에서도 유쾌한 도전이 이뤄지고 있어요. 바로 '아마존'이에요. '아마존'은 '아이들이 마음 놓고 다닐 수 있는 공간(존)'이란 뜻이에요. 학교 앞 통학로 중에는 골목들과 차도가 한데 있어 위험한 곳이 많습니다. 이에 아마존을 통해 등·하굣길 시간대에는 차량 통행을 막아 교통사고를 예방해요. 그리고 어린이들이 즐거운 공간으로 통학로를 바꿔 나가고 있습니다. 아마존은 어린이보호구역이 한 단계 확대된 개념으로 볼 수 있습니다. 어린이보호구역을 공간적으로 확대하고 교통안전뿐 아니라 방범·놀이 등

서울 미아초등학교 근처 아마존 풍경.

의 기능까지도 함께 고려하고 있거든요. 차도 폭을 줄이고, 어두운 공간과 담벼락에 재밌는 캐릭터와 조명을 설치해 안전도 살피고 즐거움도 주는 것이에요.

도시를 만드는 것은 정부나 지방자치단체만 하는 것이 아닙니다. 바로 그 지역에 사는 어른이나 어린이나 모두 한 공동체를 이루는 사람들이 참여하면서 더 살기 좋은 곳으로 만들어 가는 것입니다. 이런 노력은 100여 년 전 이미 방정환이 「어린이 해방 선언문」을 통해 제시한 내용입니다. 어린이들이 건강하게 성장할 수 있게 놀이터와 같은 시설을 만들고, 어린이를 존중하라고 제안했지요.

어린이들이 도시의 문화적·사회적 자원을 이용할 수 있도록 부모뿐 아니라 도시와 정부 당국도 노력을 기울일 필요가 있습니다. 어린이들이 다양한 사회 구성원과 함께 자유로운 활동을 안전하게 하면서 성장할 수 있는 기반이 필요한 것입니다. 어린이가 살기 좋은 도시는 모든 시민이 살기 좋은 도시이거든요.

16. 어린이를 위한 무장애 통합 놀이터가 많아져야 한다고요?

누구나 자유롭게 놀 수 있는 놀이터가 있답니다. 놀이터는 당연히 아무나 갈 수 있습니다. 하지만 막상 놀이터에서 마음껏 놀이기구를 이용하지 못하는 사람도 있습니다. 몸이 불편할 경우 그네나 트램펄린 등을 쉽게 탈 수 없기 때문입니다.

이런 문제를 해결하기 위해 누구나 함께하는 놀이터가 최근 많아지고 있어요. 바로 무장애 통합 놀이터예요. 장애와 관계없이 모든 어린이가 놀이를 즐길 수 있는 놀이터입니다. 최근에는 장애가 있고 없음은 물론 전 연령대가 함께 즐길 수 있는 놀이터로 그 뜻이 확산되고 있어요.

무장애 통합 놀이터에는 계단 대신 경사로를 설치해 보행 약자의 접근성을 높이고, 바구니형 그네나 보호자와 함께 탈 수 있는 그네, 휠체어형 그네, 높낮이 차이를 두지 않는 회전무대, 지면과 같은 높이의 트램펄린, 보호자와 함께 탈 수 있는 넓은 미끄럼

틀 등의 놀이시설이 있습니다. 몸이 불편한 장애 어린이와 비장애 어린이가 함께 즐길 수 있는 디자인을 구상한 것이지요. 휠체어를 타고 방문하는 어린이나 성인을 위한 동선을 고려하는 등 누구나 차별 없이 편리하게 이용할 수 있는 것이 특징입니다.

최근에는 지역 자치 단체에서 지역 주민의 의견을 반영해서 동네 어린이 공원 놀이터를 통합 놀이터로 새롭게 바꿔 나가는 곳이 많아지고 있습니다. 어린이들의 눈높이에서 기존 놀이터의 문제점을 찾고, 더 나은 놀이 공간을 만들기 위해 어린이, 주민, 전문가 등이 모여 의견을 나누면서 놀이터를 만들고 있거든요.

독일 등 유럽과 미국에서는 통합 놀이터라는 말을 잘 쓰지 않습니다. 놀이터는 누구나 함께 어울리는 공간으로 조성하는 게 당연하므로 굳이 통합이라는 용어를 붙여 강조할 필요가 없기 때문이에요. 우리나라에서도 장애인과 비장애인, 어린이와 노인 등 모두가 존중받으며 행복하게 즐길 수 있는 놀이터가 많아지면 좋겠어요.

제주 신산공원에 설치된 바구니형 그네. 바구니 모양의 그물망으로 된 그네는 몸을 가누지 못하는 어린이도 이용할 수 있어 장애 어린이는 물론 유아도 이용할 수 있다.

4

방정환이 꿈꾼 세상은 어떤 모습일까요?

17. 「어린이 해방 선언문」을 왜 만들었을까요?

방정환은 1923년 5월 1일 어린이날 기념식에서 「어린이 해방 선언문」을 발표했어요. 방정환이 어린이날을 처음 선포한 지 1년째 되는 해에 발표한 선언문입니다. 당시 「어린이 해방 선언문」은 신문 기사로 소개될 정도로 크게 주목받았답니다.

이 선언문은 어린이날을 만든 배경을 알 수 있는 글로, '어린이 운동의 기초 조건'을 밝힌 3가지 항목과 어른과 어린이에게 '드리는 글' 등으로 구성되어 있습니다. '기초 조건'을 통해 방정환은 어린이를 윤리적 압박으로부터 해방해 완전한 인격적 대우를 가능하게 하고, 모든 형태의 아동 노동을 금지함으로써 경제적 압박으로부터도 해방해야 한다고 했습니다. 이에 더해 어린이가 배우고 놀 수 있는 가정과 사회의 놀이 시설을 만들 것을 요구하며 어린이의 배우고 놀 권리도 밝혔습니다. 배움의 중요성뿐만 아니라 충분히 쉬면서 잘 놀 권리를 밝힌 점이 인상적입니다.

"오늘 어린이날", 《동아일보》(1923년 5월 1일자).

두 번째로 「어른에게 드리는 글」 9개 조항이 있습니다.

- 어린이를 내려다보지 마시고 쳐다보아 주시오.
- 어린이를 늘 가까이하사 자주 이야기를 하여 주시오.
- 어린이에게 경어를 쓰시되 늘 보드랍게 하여 주시오.
- 이발이나 목욕, 의복 같은 것을 때맞춰 하도록 하여 주시오.
- 잠자는 것과 운동하는 것을 충분히 하게 하여 주시오.
- 산보와 원족 같은 것을 가끔가끔 시켜 주시오.
- 어린이를 책망하실 때는 쉽게 성만 내지 마시고 자세히 타일러 주시오.
- 어린이들이 서로 모여 즐겁게 놀 만한 놀이터와 기관 같은 것을 지어 주시오.
- 대우주의 뇌신경 말초는 늙은이에게 있지 아니하고 젊은이에게도 있지 아니하고 오직 어린이 그들에게만 있는 것을 늘 생각하여 주시오.

어린이를 존중하고 함께하면서 어린이들이 마음껏 뛰어놀 수 있는 놀이터나 공원 같은 곳을 만들라고 제안한 것은 오늘날에도 여전히 중요한 부분으로 100여 년 전에 이런 제안을 했다는 점이 인상적입니다.

세 번째로 「어린 동무들에게」 7개 조항이 있습니다.

- 돋는 해와 지는 해를 반드시 보기로 합시다.
- 어른들에게는 물론이고 당신들끼리도 서로 존대하기로 합시다.
- 뒷간이나 담벽에 글씨를 쓰거나 그림 같은 것을 그리지 말기로 합시다.
- 길가에서 떼를 지어 놀거나 유리 같은 것을 버리지 말기로 합시다.
- 꽃이나 풀을 꺾지 말고 동물을 사랑하기로 합시다.
- 전차나 기차에서는 어른에게 자리를 사양하기로 합시다.
- 입을 꼭 다물고 몸을 바르게 가지기로 합시다.

이 내용들은 방정환과 천도교 소년회 어린이들이 같이 의논해서 만들었다고 합니다. 소년회 회원인 어린이들이 의견을 모아서 제안했거든요. 이렇게 해서 어린이가 어린이에게 보내는 멋진 선언이 나온 것이랍니다.

'어린이 해방 선언문'이라고 한 까닭이 있어요. 해방은 속박하거나 가두어 두었던 것을 풀어서 자유롭게 한다는 뜻이에요. 우리나라가 일제에 빼앗긴 주권을 되찾는 것도 해방이라고 하지요. 즉, 「어린이 해방 선언문」에는 어린이가 어린이를 낮춰 보던 오래된 윤리적 관습에서 해방되고, 아동 노동에서도 해방되어 당당하게 살아가길 바라고 우리나라가 일제에서 해방되어 독립되길 바라는 정신이 담겨 있기 때문입니다.

「어린이 해방 선언문」에서 제안한 것들은 오늘날에도 여전히 중요한 내용입니다. 또 이 「어린이 해방 선언문」은 어린이를 위해 발표된 선언문으로는 세계 최초였어요. 이 발표 이후 1989년에 어린이를 위한 세계 약속인 「유엔 아동 권리 협약」이 만들어졌어요.

18 지금 「어린이 선언」을 다시 쓴다면 무슨 내용이 담길까요?

「어린이 해방 선언문」에는 '어린이를 존중하자!'처럼 지금 봐도 공감되는 내용이 많습니다. 더불어 당시 발표된 선언을 보면 100여 년 전 시대 상황을 살펴볼 수도 있답니다. '이발이나 목욕 등은 제때 시켜 주자!'고 한 것은 당시에는 이발과 목욕이 지금처럼 쉽고 간편하게 할 수 있는 일이 아니었기 때문이에요. '장가와 시집을 보낼 생각 마시고 사람답게만 살게 해 주세요.'에서는 굶주림을 면하기 위해 자식을 일찍 결혼시켰던 당시 시대상을 살필 수도 있어요.

「어린이 해방 선언문」이 나온 지 어느새 100년이 훌쩍 지났습니다. 그럼 오늘날 「어린이 선언」을 다시 쓴다면 무슨 내용이 담길까요? 서울 지역 초등학교 100학급에서 2023년 '어린이 해방 선언 100주년'을 맞아 '다시 쓰는 어린이 선언'을 만들면서 또래 친구들의 의견을 생생하게 모았답니다. 이때 많이 나온 의견으로는

일제 강점기에 엿을 파는 어린이들 모습.

"어른들에게 어린이를 존중하고, 함부로 무시하지 않으며, 같은 인간으로서 인간다운 대우를 해 주기를 부탁한다."였어요. 또, "어린이는 중요한 일의 결정에 있어 자신의 의견을 내세울 수 있는 기회가 있어야 한다.", "어린이에게 욕을 하거나 함부로 말하지 말라."는 내용이 많았어요.

초등학생 때부터 공부와 학원에 지친 어린이들은 놀 시간을 보장해 달라는 의견도 많았어요. "우리는 지금 당장 놀 권리가 있다.", "우리는 지금 행복할 권리가 있다.", "어린이는 학원을 2개까지만 다녀야 한다."는 선언부터 "학원은 이제 그만! 놀고 쉬고 자고 멍 때릴 수 있는 시간이 필요해요!", "하루에 1시간 30분 이상 놀게 해 주세요." 등의 부탁까지 다양한 의견이 나왔습니다.

이 밖에도 "교통사고가 나지 않도록 안전하게 운전해 주세요.", "범죄 없는 세상에서 살고 싶어요.", "전쟁을 멈춰 주세요." 등 어린이들의 몸과 마음이 안전할 수 있는 세상을 만들어 달라는 내용과 "환경오염을 줄이고 생태 마을을 만들어 주세요." 등 환경 보호를 위해 어른들이 힘써 달라는 내용도 있었어요. 이런 내용을 보면 100년 전에 만들어진 '어린이 해방 선언'이 아직 잘 지켜지지 않는 것 같아요.

어린이가 어린이(친구)에게 부탁하는 내용의 가장 많은 부분은 '관계'에 대한 바람이었어요. 친구를 따돌리거나 괴롭히지 말고 서로 배려하며 사이좋게 지내자는 문구가 가장 많았거든요. '다름'에 대해 인정하며 차별 없이 친구를 대할 것과 부모님이나 선생님 등 주변 어른에 대한 예의를 당부하기도 했어요. 하나뿐인 지구를 위해 자연을 사랑하고 작은 노력이라도 함께 하자는 제안도 있었어요. 어린이 친구들의 제안을 보면서 '어린이는 어른보다 더 새로운 사람이며 어른보다 더 높게 대접하라'는 100년 전 '어린이 해방 선언'의 약속을 다시 만들어 보면 어떨까요?

19 어린이가 행복한 세상은 어떤 모습일까요?

어린이가 행복한 나라를 만들자는 뜻깊은 자리가 있었습니다. 2023년 5월 1일 '어린이 해방 선언 100주년'을 앞두고 어린이들이 주인공이 되어 새로운 어린이 선언을 준비하는 자리가 있었거든요. 이 자리에서는 '어린이가 행복한 나라'를 주제로 한 발표가 있었어요.

여러분이라면 과연 어린이가 행복한 나라가 되기 위해 어떤 것을 발표하고 싶나요? 100년 전처럼 전국 각지에서 어린이들이 한데 모여 발표를 했답니다. 인상적인 것은 학생들이 직접 만든 현수막 글이에요. 글을 살펴보면 어린이들이 바라는 현재 모습을 짐작해 볼 수 있습니다.

어린이를 존중해 주세요!
스스로 해 볼 테니 잘 못해도 혼내지 마세요!

'어린이 해방 선언 100주년'을 맞아 '새로운 어린이 선언'을 발표하는 장면(2023년 5월 1일).

친구들이 마련한 이 현수막의 글이 마음에 와닿나요? 지금도 여전히 어린이들이 존중받지 못하는 경우가 많습니다. '어린이 해방 선언 100주년'을 맞아 현장에서 또래 친구들이 발표한 글을 함께 읽어 볼까요.

어린이의 다짐

첫째, 어린이는 우리 미래의 씨앗이에요. 그래서 어른들이 우리 미래의 씨앗이 올바르고 행복한 나무로 자랄 수 있게 도와주는 햇빛과 물이 되어 주세요.
둘째, 칭찬과 격려는 좋지만 비교는 싫어요. "괜찮아, 다음에 잘할 수 있어!"라고 하면 잘하게 됩니다. 그러니 조금 시간을 주세요. 하지만 더 잘하라는 뜻에서 말하는 비교라도, 비교는 싫어요.
셋째, 경험은 좋지만 강요는 싫어요. 어른들은 어린이들에게 많은 경험을 시켜 주고 싶어 합니다. 그래서 우리들은 행복해요. 하지만 "이걸 하라고.", "너에게 다 도움 되니까 해." 이런 말들은 싫어요. 어린이들은 당당하게 손을 들어 자기의 생각을 말할 수 있는 권리가 있어요. 우리에게 도움 되는 건 우리가 알고 정해요.
마지막으로 나와 같은 씨앗인 친구들에게 할 말이 있어요. 친구들아, 길을 가다 뒤돌아봐서 도움이 필요한 아이가 있으면 못 본 척하지 말고 손을 내밀어 주길 바라.

기억해 주세요. 나는 내가 만드는 '나'가 아니라, 모두가 만들어 가는 '나'라는 것을!
- 현소망 어린이

안녕하세요! 저는 배나린입니다. '어린이 해방 선언 100주년'을 맞아 이렇게 어린이 청소년의 목소리를 발표할 수 있어 기쁩니다. 방정환 선생님을 비롯한 많은 분들의 노력으로 어린이날이 만들어지고, '어린이 해방 선언'이 발표되었습니다.

하지만 100주년이 된 오늘날에도 여전히 어린이와 청소년은 안전하고 건강한 환경에서 온전히 살고 있지 못합니다. 친구들이 즐겨 사용하는 학용품이나 장난감 중에는 중금속을 비롯해 유해한 성분이 많이 있기 때문입니다. 친구들이 취미 활동으로 하는 슬라임이나 3D펜은 안전이 제대로 확인되지 않았는데도 널리 사용되고 있습니다.

이런 문제를 어떻게 해결하면 좋을까요? 유자학교처럼 문제를 해결해 보면 어떨까요? 유자학교는 유해물질로부터 자유롭고 건강한 학교 만들기입니다. 저는 유자학교 프로그램에 참여하면서 건강하고 안전한 환경을 함께 만들어 가는 것의 중요성을 몸소 배울 수 있었답니다. 어린이, 청소년도 유자학교 캠페인 등을 통해 직접 안전하고 건강한 환경을 만들어 가고 있습니다.

100년이 지난 지금 이 순간 어린이와 청소년이 안전하고 건강하게 살 수 있는 환경을 만들어 주길 바랍니다! 어린이, 청소년이 살기 좋은 곳이 바로 모두가 살기 좋은 곳이기 때문입니다. 이상으로 제 발표를 마치겠습니다. 고맙습니다!
-배나린 어린이

어떤가요? 여러분이 꿈꾸는 어린이가 행복한 세상은 어떤 것인지 함께 생각해 볼까요.

인상적인 것은 학생들이 직접 만든 현수막 글이에요. 글을 살펴보면 어린이들이 바라는 현재 모습을 짐작해 볼 수 있답니다.
"어린이를 존중해 주세요!
스스로 해 볼 테니 잘 못해도 혼내지 마세요!"

20. 화폐 속 주인공 중에 어린이가 있다고요?

돈을 보면 어떤 생각이 드나요? 세뱃돈, 용돈을 비롯해서 대개 돈을 생각하면 기분이 좋아집니다. 그런데 나라별로 만든 돈을 잘 살펴보면 재밌고 신기한 것을 알 수 있답니다. 당장 우리나라 화폐를 떠올려 볼까요? 화폐에는 세종대왕, 신사임당, 이황, 이이 등 역사적 위인들이 새겨져 있지요. 세계 여러 나라 화폐를 보면 그 나라의 대표 인물뿐만 아니라 문화유산과 동물, 식물 등이 담겨 있습니다. 덕분에 화폐로도 그 나라의 역사와 문화, 자연과 환경 등을 두루 살필 수 있답니다.

그런데 흥미롭게도 화폐 중에는 어린이가 주인공인 화폐가 있답니다. 바로 카메룬 화폐예요. 카메룬에서는 초등학교 교실에서 공부하는 어린이들이 주인공인 화폐를 만들었습니다. 어린이가 바로 카메룬의 미래를 만들어 간다는 것을 상징적으로 보여 주기 위해서였어요. 아프리카 국가들은 1960년대가 되어서야 서구 국

카메룬 화폐.

케냐 화폐.

가들로부터 독립을 맞아 새롭게 나라를 세웠습니다. 새로운 나라를 세우면서 어린이들의 모습을 담은 화폐를 만든 것이 멋지지 않나요.

또 다른 화폐로 케냐의 화폐를 주목해 보아도 좋겠어요. 케냐에서는 첨단 교육을 열어 가는 학생들의 모습과 진료를 받고 있는 어린이가 주인공이에요. 케냐 역시 새롭게 변화하는 첨단 인공

지능 시대에 컴퓨터 교육을 받는 어린이들의 모습을 담으면서 미래를 내다보는 화폐를 만든 것이랍니다. 이 화폐에는 마라톤을 비롯해 장거리 육상에서 큰 활약을 하고 있는 케냐 육상 선수들의 모습도 담겨 있답니다.

　이처럼 화폐 속에 어린이들을 넣는 것은 그 나라의 미래와 희망을 표현하는 방법입니다. 우리나라 화폐 속에도 어린이들이 있다면 어떨까요? 어린이가 그려진 화폐를 만든다면 어떤 모습일지 즐겁게 상상해 보면 좋겠어요.

21 '~린이'라고 표현하는 것이 좋지 않다고요?

요즘 인터넷이나 방송에서는 '~린이'가 유행어처럼 많이 사용되고 있습니다. '요린이', '캠린이' 등등이에요. 얼핏 보면 무슨 뜻인지 모르겠는데, 사람들은 무언가 처음 해서 서툰 상태를 표현할 때 '~린이'라는 표현을 붙여 부르는 거 같아요. 요리를 처음 하거나 잘 못하는 사람은 '요린이', 캠핑을 처음 시작하는 사람을 '캠린이' 등으로 부르는 것이지요. 이 말들은 '어린이'를 낮춰 보면서 만든 말입니다. 미숙하고 불완전하다고 생각해서 초보자에게 붙이는 말이에요.

인터넷이나 방송 등에서 유행어처럼 사용되다 보니 정겹게 그냥 듣고 지나칠 수 있습니다. 하지만 이런 표현은 다시 생각해 볼 필요가 있어요. 차별적 표현일 수 있기 때문이에요. 국가인권위원회에서는 공공기관의 공문서, 방송, 인터넷 등에서 '~린이'라는 아동 비하 표현이 사용되지 않도록 문화체육관광부 장관과 방송통

신심의위원회 위원장에게 적극적인 홍보와 교육, 점검 등 적절한 방안을 마련하라고 권고했어요.

'~린이' 같은 표현이 방송이나 인터넷 등을 통해 무분별하게 많이 사용되면 어린이에 대한 잘못된 생각과 평가가 사회에 퍼져 뿌리내릴 수 있어요. 말은 그 자체로 힘을 가지기도 하거든요. 이로 인해 어린이들이 스스로를 존중하지 못하며 무시하고 비하하는 나쁜 환경 속에서 성장하게 될 우려가 있기 때문에 국가인권위원회에서도 문제의식을 가진 것이지요.

주의를 기울일 단어가 또 있어요. 유튜브나 방송 오락프로그램 등에서 일상적으로 쓰이는 '잼민이'라는 표현이에요. 이 역시 어린이를 무시하는 의미가 담겨 있거든요. '잼민이'는 게임 채팅, 인터넷 방송 등에서 어설픈 말이나 행동으로 주변에 불편함을 주는 이들을 얕잡아 부르는 말로 쓰였어요. 그러다가 모든 어린이를 뜻하는 표현으로 확장됐어요. 소수자에게 우스운 별명을 만들어 부르는 것은 소수자를 하나의 이미지 안에 뭉뚱그리고, '일반적·정상적 사람'과는 다른 특징을 강조함으로써 차별하는 손쉬운 방법으로 위험하답니다. 이런 말 대신 어린이라는 표현을 쓰면 좋겠어요. 국립국어원 표준국어대사전에서는 어린이의 사전적 의

미를 '어린아이를 대접하거나 격식을 갖추어 이르는 말'로 정의하고 있거든요.

 어린이는 우리 사회의 중요한 구성원이고, 마땅히 누려야 할 권리가 있고 존중을 받아야 하는 존재입니다. 어린이는 무엇이든 배우고, 시도하고, 도전할 수 있는 잠재력을 가지고 있습니다. 어린이는 자신의 의견과 감정을 표현하고, 다른 사람과 소통하고, 협력할 수 있는 능력이 있습니다. 어린이들은 자신의 꿈과 목표를 이루기 위해 노력하고, 성장하고, 행복하고 싶습니다. 그러므로 '~린이'나 '잼민이'와 같은 말을 쓰지 않았으면 좋겠어요.

22 노키즈존은 왜 문제일까요?

노키즈존

어린이들이 들어가지 못하는 곳들이 있습니다. 영어 표현으로 노키즈존(No Kids Zone), 즉 어린이는 들어갈 수 없다는 내용을 그대로 사용한 것이에요. 노키즈존은 어린이와 어린이를 동반한 고객의 출입을 제한하는 장소를 의미합니다. 이러한 장소는 주로 카페나 식당에서 볼 수 있어요. 노키즈존을 운영하는 사람들은 다른 고객들을 배려하고 편의를 위해 만들었다고 주장합니다. 그들은 어린이들이 시끄럽게 울거나 뛰어다니면 다른 사람들에게 방해가 되기 때문에, 노키즈존이 필요하다고 생각합니다.

하지만 노키즈존은 문제가 있습니다. 어린이라는 이유만으로 제대로 존중하지 않고, 차별하기 때문이에요. 식당 등 공공장소에서 어린이만 문제를 일으키는 것이 아니거든요. 무엇보다 노키즈존은 어린이와 어린이와 함께하는 사람들의 기본적인 권리를 침해하는 문제가 있습니다. 어리다는 이유로 어린이들을 출입 금지시키는 것은 다시 생각해 볼 필요가 있답니다. 어린이들도 공공장소에서 존중받으며 지낼 권리가 있습니다. 어린이라고 모두 소란을 피우고 타인을 방해한다는 생각은 대단한 선입견이고 잘못된 생각입니다. 그리고 노키즈존은 출산과 육아에도 좋지 않은 영향을 줄 수 있어요.

이 문제가 사회적으로 논란이 되면서 국가인권위원회에서는 노키즈존 설치는 차별 행위라고 했어요. 그래서 노키즈존을 운영하지 말라고 권고했습니다.

나와 다르다는 이유만으로 차별하고 누구나 이용할 수 있는 장소에 들어오지 못하게 하는 것은 커다란 폭력입니다. 역사상 독일의 나치 사례를 생각해 볼 필요가 있습니다. 나치는 자신들의 뜻에 반하는 사람들을 차별했습니다. 또 유대인을 비롯해 장애인 등에게 노란 딱지를 붙이면서 공공장소에 출입하는 것을 금지했습니다. 이런 차별이 점점 심해진 결과 심지어 수많은 사람들을 가스실 등으로 보내 대량 학살을 하는 끔찍한 일을 벌였지요. 그래서 현재 독일에서는 다시는 이와 같은 일이 되풀이되지 않길 바라며 일상생활 속에서 차별과 혐오를 범죄로 규정하고 엄격하게 처벌합니다.

노키즈존도 마찬가지입니다. 그냥 어린이가 떼를 쓰고 시끄럽다는 이유만으로 계속 어린이들을 차별하고 배제한다면 문제가 심각해질 수 있답니다. 이는 미국에서 오랫동안 있어 온 '유색 인종 출입금지(No colors allowed)'와 크게 다르지 않기 때문입니다. 누군가를 차별하며 출입을 금지시키는 것이 아니라 함께 살아가는 방법을 찾아보는 성숙한 시민 의식을 키우면 좋겠습니다.

23. 방정환도 잘못된 일을 했었다고요?

위인이라고 해서 무조건 다 훌륭한 일만 하는 것은 아닙니다. 훌륭한 분도 실수하거나 잘못하는 경우가 있을 수 있습니다. 미국에는 위인들의 장점뿐만 아니라 실수나 잘못도 함께 보여 주는 인물 기념관이 많이 있습니다. 인물 기념관에서는 위인들이 어떤 사람이었고, 어떤 일을 했고, 어떤 문제를 겪었고, 어떤 실수나 잘못을 했는지 종합적으로 알려 줍니다. 이를 통해 우리는 위인들의 삶을 더 잘 이해하고 배울 수 있습니다. 위인이라고 해서 옳은 일만 한 것이 아니라 잘못을 할 수 있다는 것을 종합적으로 살필 수 있게 해 주는 것이지요.

방정환은 대표적인 위인 중 한 사람입니다. 방정환은 어린이를 위해 많은 일을 하였습니다. 어린이날을 만들고, 어린이 잡지를 펼쳐 내고, 어린이 책 등을 쓰면서 어린이들을 위해 헌신했습니다. 이로 인해 오늘날까지도 어린이를 비롯해 수많은 사람에게 존경받고 있습니다.

하지만 방정환은 여성에 대해 잘못된 생각을 가지고 있었습니다. 그는 뛰어난 작가인 김명순을 여성이라는 이유로 잡지에 잘못된 내용으로 나쁘게 썼습니다. 김명순 작가는 이를 바로 고치라면서 사과를 요구했지만, 방정환은 받아들이지 않았습니다. 이에 김명순 작가는 명예훼손으로 고소하여 방정환이 구속되었습니다. 당시 문인들은 이 같은 구속이 언론 자유를 빼앗는다고 항의하여 방정환은 일주일 만에 풀려났습니다. 또한 방정환은 잡지 《별건곤》에 여성이 남성과 같은 권리를 갖는 것을 반대한다는 글도 썼습니다. 이러한 방정환의 행동은 여성들에게 상처를 주고, 그의 책을 읽는 사람들을 실망시켰습니다.

방정환의 잘못은 당시 시대 상황과 관련이 있을 수 있습니다. 그 시절에는 남성이 여성보다 더 중요하다고 생각하는 시대였거든요. 여성은 남성에게 복종하고, 차별받았습니다. 여성은 학교에 다니거나, 일하거나, 자신의 의견을 말하는 것이 힘들었습니다. 그러나 1919년 3·1 운동이 일어나고 나서, 1920년대부터 여성들은 자신의 권리를 찾기 위해 노력하기 시작했습니다. 여성도 학교에 다니고, 책을 쓰고, 운동을 하고, 정치에 참여했습니다. 그런데 남성들은 이런 여성을 이해하고 응원하기보다는 그것을 남성에 대한 도전으로 받아들였습니다. 그래서 여성을 무시하고, 비난하고, 공격했습니다. 방정환도 이런 남성 중 한 사람이었을 수 있습니다. 그는 자신이 살던 시대에 영향을 받아 여성에 대해 잘못된 생각을 가지고 있었던 것입니다.

그러나 그렇다고 해서 방정환의 실수나 잘못을 시대 상황이라고 그냥 넘기는 것은 바람직하지 않습니다. 방정환은 김명순 작가의 인권을 침해했습니다. 잘못을 인정하고 사과하지 않았습니다. 자신의 실수나 잘못을 바로잡기 위해 노력하지 않았습니다. 이런 점들에 대해서는 분명 잘못된 점이라는 것을 확인할 필요가 있습니다.

훌륭한 일을 많이 한 것도 중요하지만 잘못한 일을 있는 그대로 인정하고 기억할 때 우리는 더 나은 현재와 미래를 만들어 갈 수 있습니다. 오랫동안 인격을 가진 사람으로 존중받지 못한 어린이를 그 자체로 존중했듯이, 여성도 사람 그 자체로 존중받아야 하겠지요. 방정환의 사례를 통해 모든 사람은 존중받아야 한다는 점을 다시 생각해 보면 좋겠습니다.

5

오늘날 어린이를 만나러 갈까요?

24. 유엔이 만든 '어린이 권리 선언'이 있다고요?

1989년 11월 20일 '세계 어린이의 날'에 어린이들을 위한 특별한 약속인 「유엔 아동 권리 협약」이 만장일치로 통과되었어요. 이 협약은 만 18세 미만 모든 어린이·청소년이 건강하고 행복한 세상을 살아갈 수 있게 생존, 발달, 보호, 참여에 관한 기본 권리를 담은 국제 약속입니다. 1989년 전 세계 지도자들은 온 세상의 어린이를 위한 약속으로 「유엔 아동 권리 협약」을 발표하였고 우리나라도 1991년 이 약속에 참여하여 함께 지켜 나가기로 하였습니다.

「유엔 아동 권리 협약」은 어린이를 같은 시민으로 존중하면서 경제적, 사회적 및 문화적 권리에 관한 국제 규약, 시민적·정치적 권리에 관한 국제 규약과 관련한 모든 권리를 어린이의 권리로 규정하고, 거기에 추가해 의견 표명권, 놀이·여가의 권리 등 어린이에게 필요한 인권을 확보하기 위한 구체적인 사항을 정했어요. 유엔은 협약에 비준한 가입국들이 협약에 명시된 조항의 이행을 위해 최대한의 입법, 사법, 행정적 조치를 취하도록 의무화하고 있답니다.

「유엔 아동 권리 협약」은 처음 제안되어 완성되기까지 10여 년의 검토 과정이 있었어요. 협약에서는 모든 어린이는 인간으로서의 존엄과 가치를 가지고 태어났으며, 보호와 교육을 받아야 한다는 것을 강조했습니다. 협약에는 어린이의 생존권, 발달권, 참여권, 보호권 등 10개의 기본적인 권리가 포함되었습니다. 이 중에서 비차별, 생존과 발달의 권리, 어린이 의견 존중 등은 눈여겨볼 필요가 있어요.

비차별은 모든 어린이는 부모님이 어떤 사람이건, 어떤 인종이건, 어떤 종교를 믿건, 어떤 언어를 사용하건, 부자건 가난하건, 장애가 있건 없건, 모두 동등한 권리를 누려야 한다는 것이에요. 생존과 발달의 권리는 어린이는 특별히 생존과 발달을 위해 다양한 보호와 지원을 받아야 한다는 것을 강조하고 있어요. 어린이 의견 존중은 책임감 있는 어른이 되기 위해 어린이가 자신의 능력에 맞게 적절한 사회활동에 참여할 기회를 갖고, 자신의 생활에 영향을 주는 일에 대하여 의견을 말할 수 있어야 하며 그 의견을 존중받아야 한다는 것을 강조하고 있답니다. 이 내용들은 서로 긴밀하게 연결되어 있어요. 어린이가 건강하고 행복하게 자랄 수 있고, 또 기본적으로 존중받기 위해 필요한 내용이니까요.

어떤가요? 세계적으로 이런 국제 협약을 만들었다는 것이 멋지지 않나요.

어린이 의견 존중은 책임감 있는 어른이 되기 위해 어린이가 자신의 능력에 맞게 적절한 사회활동에 참여할 기회를 갖고, 자신의 생활에 영향을 주는 일에 대하여 의견을 말할 수 있어야 하며 그 의견을 존중받아야 한다는 것을 강조하고 있답니다.

25 왜 축구 선수들이 어린이와 함께 입장할까요?

월드컵이나 국가대표 축구 경기를 보면 축구 선수들이 입장할 때 어린이들의 손을 잡고 나옵니다. 도대체 왜 그런 것일까요? 이런 입장 방식은 우리나라와 일본이 공동 개최한 2002년 한·일 월드컵 대회 때 공식적으로 시작되었답니다. 이런 입장 방식이 정해진 것은 바로 축구공 때문이랍니다.

2002년 한·일 월드컵이 열리기 전, 축구공과 어린이 노동에 세계적인 관심을 불러일으킨 유명한 사진이 있어요. 바로 축구공을 만드는 어린이의 모습이 담긴 사진이에요. 이 장면은 전 세계 사람들에게 큰 충격을 주었어요. 손바느질로 유명 브랜드의 축구공을 만드는 어린이 사진인데, 이 장면을 통해 그동안 잘 알려지지 않았던 축구공 생산 과정이 널리 알려지게 되었지요.

최고급 축구공은 손바느질로 만들어지는데, 이 일을 하는 인도와 파키스탄의 어린이들은 하루에 10시간 이상을 일했습니다.

그렇게 축구공 하나를 완성해 받는 임금은 고작 100~200원 정도였어요. 무수히 바늘에 찔리고 심하게는 화학물질로 인해 시력을 잃거나, 디스크 등의 질병을 얻기도 합니다. 전 세계의 유명한 브랜드나 축구대회에서 사용해 온 축구공이 만들어지는 데에 이런 비밀이 있었던 거지요. 어린이들이 노동에 내몰리는 상황을 막자며 이 회사 상품을 사지 말자는 캠페인이 세계적으로 펼쳐졌습니다.

이에 해당 회사와 국제축구연맹(FIFA)은 이런 잘못을 반성하면서 유니세프와 함께 2002년 한·일 월드컵을 '어린이와 평화를 생각하는 월드컵'으로 치르기로 했습니다. 이후로는 월드컵 대회뿐만 아니라 국내 프로 경기와 국제 경기가 열릴 때면 어린이의 건강과 행복을 위해 함께 노력하자는 뜻으로 어린이들과 선수들이 손을 맞잡고 경기장에 나오고 있습니다.

이에 앞서 어린이 노동의 실태를 알린 인물이 있습니다. 이크발 마시흐라는 소년입니다. 이크발은 파키스탄 어린이로 4살 때부터 카펫 공장에서 노예처럼 일했습니다. 하지만 이크발은 아무리 열심히 일해도 빚을 갚을 수 없다는 사실을 깨닫고 탈출했습니다. 이크발은 자신만 탈출하는 것에 그치지 않고, 자신과 같은

최연소 노동운동가 이크발 마시흐.

환경에서 착취당하고 있는 친구들을 구하고 싶었어요. 이크발은 최연소 노동운동가가 되어, 어린이 강제노동의 참상을 세계에 알렸습니다. 이로 인해 이크발은 1994년 리복국제인권재단으로부터 '행동하는 청년상'을 수상했고, 약 3000명의 어린이를 공장에서 탈출시켰습니다. 하지만, 1999년에 누군가가 쏜 총에 맞아 12살의 어린 나이로 생을 마감했습니다.

이크발은 안타깝게도 세상을 떠났지만, 그의 용기와 희생은 수많은 어린이를 구했고, 전 세계의 많은 사람이 그를 영웅으로 기억하고 있습니다. 이크발은 "어린이는 일하는 대신 연필을 들고 공부를 해야 합니다."라고 말했습니다. 이크발의 이야기는 세계적으로 큰 울림을 주었고, '세계 아동노동 반대의 날'을 만들게 되는 계기가 되었습니다.

세계 아동노동 반대의 날은 6월 12일로, 2002년 국제노동기구(ILO)가 정했습니다. 이날은 전 세계에서 어린이 노동자들의 현실을 알리고, 어린이 권리를 보호하기 위한 운동을 촉진하기 위해 마련되었습니다. 매년 6월 12일에는 세계 곳곳에서 아동노동에 대한 캠페인과 행사가 열립니다.

26 아직도 많은 어린이, 청소년이 전쟁터에 내몰리고 있다고요?

전쟁은 영화나 드라마 등에서만 일어나는 일 같지요. 우크라이나-러시아 전쟁, 이스라엘-하마스 전쟁 등을 비롯해서 지구촌 곳곳에서 전쟁 등이 끊임없이 일어나고 있습니다. 우리나라도 끔찍한 전쟁을 겪었습니다. 더구나 우리나라는 여전히 전쟁이 완전히 끝난 것이 아니라 잠시 멈춘 휴전 상태입니다. 한국전쟁 당시 전쟁에 참여한 학생의 편지를 읽어 볼까요.

> 어머님! 나는 사람을 죽였습니다.
> 그것도 돌담 하나를 사이에 두고
> 제가 죽인 사람이 10여 명은 될 것입니다. (중략)
> 아무리 적이지만 그들도 사람이라고 생각하니
> 더욱이 같은 언어와 같은 피를 나눈 동족이라고 생각하니
> 가슴이 답답하고 무겁습니다.
> 어머님! 전쟁은 왜 해야 하나요.

> 이 복잡하고 괴로운 심정을 어머님께 알려 드려야
> 내 마음이 가라앉을 것 같습니다.
> 저는 무서운 생각이 듭니다.
>
> 이우근, <부치지 못한 편지>, 1950. 8. 10.

　도대체 왜 이런 편지를 쓰게 된 것일까요? 이 편지를 쓴 주인공은 10대 학생이었습니다. 안타깝게도 편지 속 주인공은 이 편지를 쓰고 며칠 뒤 목숨을 잃었습니다. 이렇게 어린 학생들이 전쟁에 나서서 총을 겨누고, 또 다치거나 목숨을 잃는 일들이 다시 일어나서는 안 될 것입니다. 하지만 여전히 전 세계적으로 어린이, 청소년이 전쟁에 동원되고 있답니다. 이런 일들을 막아야 합니다.

　전 세계적으로 지금도 약 25만 명이나 되는 어린이, 청소년이 전쟁터에 나가 있다고 합니다. 어린이들은 무장 세력에 의해 강제로 또는 자발적으로 전쟁에 동원되어, 총이나 폭탄 등의 무기를 사용하면서 전투에 참여하는 등 위험한 상황에 내몰리고 있습니다. 여기에는 남자 어린이뿐만 아니라 여자 어린이도 있습니다. 여자 어린이들은 감시나 정찰, 청소, 의료나 운송 등의 지원 역할을 맡기도 하거든요.

　전쟁에 내몰린 어린이, 청소년은 전쟁의 공포와 폭력을 마주하게 됩니다. 이로 인해 죽음과 상처, 질병과 장애, 고문과 학대, 심리적인 트라우마와 죄책감 등을 겪게 됩니다. 자신의 꿈과 희망, 교육과 놀이, 친구와 가족, 즐거움과 행복 등을 잃게 되지요. 전쟁이 끝나고 집에 돌아가도 일상적인 생활이 어렵습니다.

유엔에서는 더 이상 이런 문제가 반복되는 것을 막기 위해 2002년부터 매년 2월 12일을 '세계 소년병 반대의 날'로 정했습니다. 이날은 전 세계에서 소년병으로 고통 받는 어린이, 청소년들을 생각하고, 그들의 권리와 복지를 보호하고 증진하기 위한 목적으로 만들어졌습니다.

우리나라에서는 전쟁이 끝나지 않은 휴전 상태에서 남북 어린이들의 평화와 건강을 위해 시민들이 '어린이어깨동무'를 만들었어요. 남과 북이 총칼로 대립하는 것이 아니라 서로 평화를 만들어 가면서 더불어 살아가기 위해서예요. 어린이어깨동무는 유엔 경제사회이사회의 협의적 지위를 인정받은 NGO(비정부 기구)입니다. 어린이는 물론이고 어린이를 아끼고 사랑하는 사회 각계의 인사들이 참여하여, 북쪽 어린이들을 위한 식품 및 의약품 지원 사업을 펼치고 있습니다. 특히 북한 어린이들을 위해 콩우유(두유) 급식을 지원하고 평양 어깨동무 어린이병원 등을 만드는 등 남북

어린이어깨동무가 만든 평양 어깨동무 어린이병원.

한 어린이들이 평화롭게 통일을 맞이할 수 있는 준비를 하고 있습니다. 최근에는 남북 어린이만이 아니라 세계 어린이, 청소년의 평화를 위해 함께하고 있답니다. 이처럼 평화의 길을 열어 가는 다채로운 노력이 모여 한반도의 평화를 이루고 세계적으로 소년병이 없어지면 좋겠습니다.

27. 어린이를 위해 특별한 법들이 만들어졌다고요?

어린이들을 위한 특별한 법이 있습니다. 「유엔 아동 권리 협약」에서는 어린이를 위한 최선의 법을 만들 것을 세계 여러 나라에 권고하고 실천할 것을 강조했어요. 어린이를 존중하고 함께 사는 사회를 만들기 위해서는 어린이를 위한 법들이 필요하기 때문이에요.

우리나라에도 어린이를 위한 특별법이 있답니다. 어린이 이름이 직접 들어간 「민식이법」을 비롯해 어린이가 사용하는 제품의 안전을 위해 만든 「어린이 제품 안전 특별법」 등이 있어요.

「민식이법」에는 슬픈 사연이 있답니다. 2019년 9월, 충청남도 아산시의 한 초등학교 앞 어린이 보호구역에서 9살 어린이 김민식 학생이 교통사고로 목숨을 잃는 사고가 발생했습니다. 이런 안타까운 사연이 알려지면서 다시는 이런 일이 일어나서는 안 된다는 국민들의 뜻에 부응하여 국회에서 김민식 학생의 이름을 딴 「민식이법」을 만들었어요.

「하준이법」도 있습니다. 2017년 10월 놀이공원 주차장에 있다가 경사 도로에서 굴러 내려온 차량에 4살 최하준 어린이가 치여 목숨을 잃는 사고가 있었어요. 이 일이 계기가 되어 「하준이법」이 만들어진 것이지요. 이 법에서는 다시는 이런 일이 일어나지 않도록 하기 위해 경사진 곳에 주차장을 설치할 때는 미끄럼 방지를 위한 고임목과 안내 표지 등을 의무적으로 설치하게 했어요. 이미 경사진 곳에 설치되어 있는 주차장은 법 시행일로부터 6개월 이내에 고임목 등 안전 설비를 갖추어야 하고요.

「민식이법」과 「하준이법」은 소중한 어린이들의 안전과 우리 모두의 안전을 위해 마련된 법이랍니다. 이 두 법이 실시되면서 학교 주변 통학로 스쿨존과 경사진 주차장 등에서 교통사고가 많이 줄었습니다. 어린이에게 안전한 곳은 어른에게도 안전한 곳이랍니다. 사고가 나기 이전에 미리 세심하게 주변을 살피면서 예방 조치를 한다면 다시 이런 끔찍한 일들이 일어나는 것을 막을 수 있을 것입니다. 정부와 사회가 함께 준비할 필요가 있습니다.

생활 속에서 어린이의 안전을 위해 「어린이 제품 안전 특별법」이 만들어졌답니다. 어린이들이 안전하고 행복하게 살 수 있도록 만들어진 법이에요. 「어린이 제품 안전 특별법」은 어린이가 사용하는 장난감이나 의류, 식품 등을 안전하고 영양을 고루 갖춘 것으로 제공하도록 하는 법이에요. 어린이 제품에 대한 안전 확인 신고나 검사를 강화하고, 위험한 제품이 발견되면 빨리 회수하거나 폐기할 수 있도록 하는 법입니다.

'어린이 제품 안전 특별법 기준에 맞춰 책을 만들었다'는 KC 마크 표시.

어린이 책 뒤표지를 살펴보면 책 가격 옆에 '「어린이 제품 안전 특별법」 기준에 맞춰 책을 만들었다'는 KC 마크 표시가 있을 거예요. 어린이 책을 만드는 과정에서 몸에 해롭지 않은 잉크를 사용하고, 안전 기준을 지켜서 만들었다는 뜻이에요. 새 책을 만들 때 인쇄 과정에서 해로운 물질이 나올 수 있거든요. 이런 부분은 어린이 책만이 아니라 모든 책에 적용되면 좋겠어요. 어린이를 위한 특별법들은 이처럼 어린이의 안전과 건강을 위할 뿐만 아니라 그 사회 구성원 모두를 위한 법이기도 합니다.

28 어린이들이 학교 이름과 교문을 바꿨다고요?

학교 이름과 교문을 바꾼 어린이들이 있습니다. 유쾌하면서도 신기한 일이지요. 사실 학교 이름과 교문은 대부분 어른들이 결정해서 만들어 왔습니다. 그런데 최근에 학교의 주인인 어린이들이 직접 학교 이름과 교문을 바꾼 일이 있었답니다. 어떻게 이런 일들이 가능했을까요?

부산 지역에는 학교 이름이 조금 특별해서 난처한 친구들이 있었습니다. 역사적으로 오랫동안 내려온 한자 이름이지만 자칫 오해할 수 있는 이름이기 때문이에요. 바로 부산 대변리에 1963년 문을 연 '대변초등학교'입니다. 이 학교에 다니는 어린이들은 대변이 똥을 떠올린다면서 주변 학교 친구들의 놀림을 받곤 했거든요. 이 문제를 해결하기 위해 당시 대변초등학교 전교 회장 선거에 나온 한 학생이 학교 이름을 바꾸겠다고 공약을 했어요. 이 학생이 전교 부회장에 당선되면서 실제로 공약을 지키기 위해 학교는 물론이고 지역에서도 서명을 받는 등 캠페인을 펼쳤어요. 학교 이름을 바꾸는 데 찬성하는 재학생들과 졸업생들의 서명을 모아 교육청에 전달하면서 마침내 학교 이름을 바꿀 수 있게 되었어요. 학교 이름은 이 지역의 옛 이름인 용암을 따서 용암초등학교로 바뀌었습니다. 학생들이 주인공이 되어 학교 이름을 새롭게 만든 것입니다.

서울 삼양초등학교에서는 학생들이 직접 꿈을 담은 교문을 만들었어요. 이 학교는 경사진 비탈길에 교문이 세워져 있었습니다. 하지만 좁은 비탈길에 교문이 있어 체험학습 버스가 부딪히는 등 사고가 생기면서 교문을 새로 만들어야 한다는 의견이 많았어요. 이에 2016년 봄, 졸업한 동문 선배들이 후원을 약속하고, 학생들이 중심이 되어 새로운 교문의 디자인을 만들었어요. 공공건축가와 하자센터 분들의 도움으로 학생들은 학교 지형에 맞는 교문 만들기에 적극적으로 참여했어요. 교문 디자인에서 고려해야 할 것들을 배우고, 직접 공모전을 열어 아이디어를 모았습니다. 학교를 둘러싼 삼각산, 연필, 숟가락과 젓가락 모양 등 여러 안이 나왔어요. 최종적으로 교문은 설문조사에서 가장 많은 표를 받은 삼각산 모양으로 정해졌습니다. 하지만 소방 안전 규정에 따

통학길 시작 지점 오른쪽에 세운 연필 모양의 교문.

라 높이 7미터 이상으로 만들어야 해 비용이 감당할 수 없을 정도로 늘어났습니다. 그러는 가운데 학교운영위원회에서는 교문 설치 위치를 원래 장소에 두자는 의견을 냈습니다. 또 비용을 부담하기로 한 동문 졸업생이 개인 사정으로 후원을 할 수 없게 되었습니다. 기존 교문을 없앤 상황에서 새로운 교문을 세워 보지도 못하고 그냥 흐지부지되는 것이 아닌가 걱정이 많았습니다.

하지만 학생들과 선생님들은 포기하지 않고, 학교의 사정을 손편지로 써서 서울시 교육감에게 보내면서 교문 제작비를 지원

받았답니다. 덕분에 교문 만들기를 다시 이어 갈 수 있었고 4년 만에 드디어 서울삼양초등학교 전체 학생들의 희망을 담은 교문을 만들 수 있었습니다. 최종 교문 디자인은 다시 논의한 결과 연필 모양으로 결정되었습니다.

    가파른 통학길 시작 지점 오른쪽에 세운 연필 모양의 교문은 예술 작품처럼 보입니다. 교문 위쪽 철망 안에는 색색의 돌들이 켜켜이 쌓여 있어요. 아래쪽 쇠 부분엔 자연스럽게 색이 바래는 재질에 '서울삼양초등학교'라는 이름이 세로로 새겨져 있어요. 학생들은 프로게이머, 게임 유튜버 등 장래희망과 '살맛 나게 살자', '자기를 사랑하는 만큼 상대방을 사랑하라' 등의 좋아하는 글귀, 'BTS(방탄소년단) 포에버' 등 좋아하는 아이돌 그룹 응원 글을 철망 안 돌에 써 넣어 저마다의 꿈을 담은 교문을 만들었답니다.

    여러분도 학교에 대해 어떤 의견이나 제안이 있다면, 망설이지 말고 표현해 보세요. 여러분의 작은 목소리가 새로운 변화를 만들 수 있답니다.

29 어린이들이 직접 변화를 만들어 가는 유자학교가 있다고요?

어린이들이 주인공이 되어 만들어 가는 학교가 있답니다. 그 학교는 바로 유자학교입니다. 유자학교라고 하니 상큼한 과일 유자가 떠오르지 않나요? 하지만 과일과는 상관이 없답니다. 유자학교는 '유해 물질로부터 자유로운 건강한 학교'의 준말이에요. 유자학교 마크는 과일 유자처럼 만들었어요. 유해 물질이라고 하면 꺼려지기 때문에 유쾌하면서도 알차게 유해 물질을 없애자는 뜻으로 이런 마크를 만들고 활동하고 있는 것이랍니다. 유자학교는 전국 100여 개 학교에서 어린이들이 주인공이 되어 유쾌한 도전을 열어 가고 있답니다.

유자학교에서는 우선 유해 물질을 줄이기 위해 생활 속에서 플라스틱 제품의 사용을 줄이고, 학교 환경을 안전하게 바꿔 가고 있습니다. 학교에서 실시하는 분리 배출을 하는 방식도 바꾸었습니다. 서울용산초등학교 학생들은 평소 집이나 아파트 단지

유자학교 홈페이지.

등과 다르게 진행되는 페트병 분리 배출 방식을 바꾸었어요. 일반적으로 투명 페트병과 플라스틱 페트병은 따로 분리해서 배출하지만, 학교에서는 통합해서 배출하기 때문이에요. 학생들은 이 문제를 해결하기 위해 함께 뜻을 모아 변화를 만들었어요. 이 내용은 사회교과서에도 실렸답니다.

학생들은 즐겨 먹는 과자 포장지도 바꿔 가고 있어요. 과자 중에 플라스틱으로 포장된 경우가 많이 있습니다. 플라스틱 트레이 등을 쓰며 내용물을 보호하기 위한 선택이라는 이유를 대기도 하지만 불필요한 과대포장인 경우가 대부분입니다. 지구 환경이 나날이 나빠지는 가운데 자원 낭비인 셈이지요. 실제로 유자학교 친구들은 과자 회사에 편지를 써서 플라스틱 트레이를 없애는 데 함께하겠다는 답신을 받았어요. 작은 행위 같지만 그것이 만들어 낸 변화는 결코 작지 않아요. 여러분들도 유자학교에 접속해서 다양한 캠페인에 참여해 보면 좋겠어요.

30 어린이, 청소년이 지구의 미래를 지키기 위해 나섰다고요?

세계적으로 학생들이 금요일마다 학교에 가지 않겠다며 시위를 진행했답니다. 도대체 왜 그런 것일까요? 이 시위는 단순히 학교에 가는 것이 싫어서 벌인 일이 아니랍니다. 미래의 주인공인 어린이, 청소년 들은 더 이상 기후 위기가 계속되면 지구에는 미래가 없다는 것을 느꼈기에 지구를 살리기 위한 절박한 마음으로 등교 대신 시위를 펼쳐 가는 것이랍니다.

> "저는 기후 문제를 해결하지 않으면 학교에 가지 않을 거예요. 이 문제가 해결될 때까지 매주 금요일, 저는 결석하고 시위를 할 거예요. 여러분들도 함께해 주세요."

이 시작은 스웨덴의 툰베리 학생이 2018년에 제안하면서 시작되었어요. 툰베리의 제안은 에스엔에스(SNS)를 통해 전 세계로

툰베리를 '2019년 올해의 인물'로 선정한 미국 시사 주간지 《타임》의 표지.

퍼졌고, 2019년 3월 15일 90여 개 나라에서 청소년 수천여 명이 금요일마다 학교에 가지 않고 시위를 벌이는 '미래를 위한 금요일(Fridays for Future)' 캠페인에 동참하고 있어요. 현재 한국, 미국, 인도, 러시아, 우간다, 호주 등 100여 나라의 청소년 기후활동가들이 함께하고 있답니다.

우리나라에서도 초등학생부터 고등학생까지 많은 학생들이 팻말을 들고 광화문으로 나와 함께 캠페인을 벌여요. "기후 변화 문제 해결을 위해 이제 국가와 기업에서도 행동해 주세요!"라고 말합니다.

청소년들은 헌법재판소에 우리 정부와 국회를 상대로 기후 위기에 제대로 대응하지 않는 것은 기본권 침해라며 헌법소원을 제기했답니다. 청소년과 정부 양쪽 모두 의견서를 제출했고 공개 변론을 요구했습니다. 이런 제안은 해외에서는 이미 시작되어 활발하게 진행되고 있어요.

기후 위기는 이제 막 시작되는 문제라 인종 차별 운동 등 역사가 깊은 다른 사회 운동보다는 아직 관심이 적습니다. 처음에는 크게 주목하지 않았지만, 지구촌 곳곳에 이상 기온과 한파, 폭우 등이 계속되면서 세계적으로 큰 관심을 기울이며 대책 마련을 위해 힘을 합치고 있답니다. 미래 사회를 열어 갈 청소년들은 바로 지구의 미래를 위해 힘차게 시위를 열어 가며 변화를 만들기 위해 노력하고 있습니다. 어린이, 청소년의 주장에 귀 기울이면서 대책을 마련하려고 한답니다. 지구의 미래를 위해 개인들의 실천뿐 아니라 학생들의 제안처럼 국가와 기업도 함께 노력하면 좋겠어요.

 이런 변화는 학교 급식에서 시작되고 있답니다. 기후 위기에 대응하고 탄소 배출을 줄이는 채식 급식이 전국적으로 시작되고 있습니다. 학교에서는 한 달에 한두 번씩 채식 급식을 실시하고 있는데요. 지나친 육식 위주의 식습관이 기후 위기의 주요한 원인인 만큼 지속 가능한 지구를 위해 육식 섭취를 줄이는 식습관을 실천하기 위해서입니다. 일상적으로 먹는 음식을 바꾸면서 사람과 동물, 지구의 건강을 지키기 위한 것이랍니다. 지구의 미래를 위해 할 수 있는 일들을 다 함께 찾아 실천해 보면 좋겠어요.

이미지 출처와 페이지

독립기념관 18
국립민속박물관 42, 47
배성호 4, 13, 30, 38, 46, 53, 71, 88, 122
위키백과 64, 66, 111
어린이어깨동무 116
(사)장애물없는생활환경시민연대 75